人を動かす
究極の
ビジネススキル

感動力の教科書

感動プロデューサー
平野秀典
Hirano Hidenori

Discover

感動力の教科書

人を動かす究極のビジネススキル

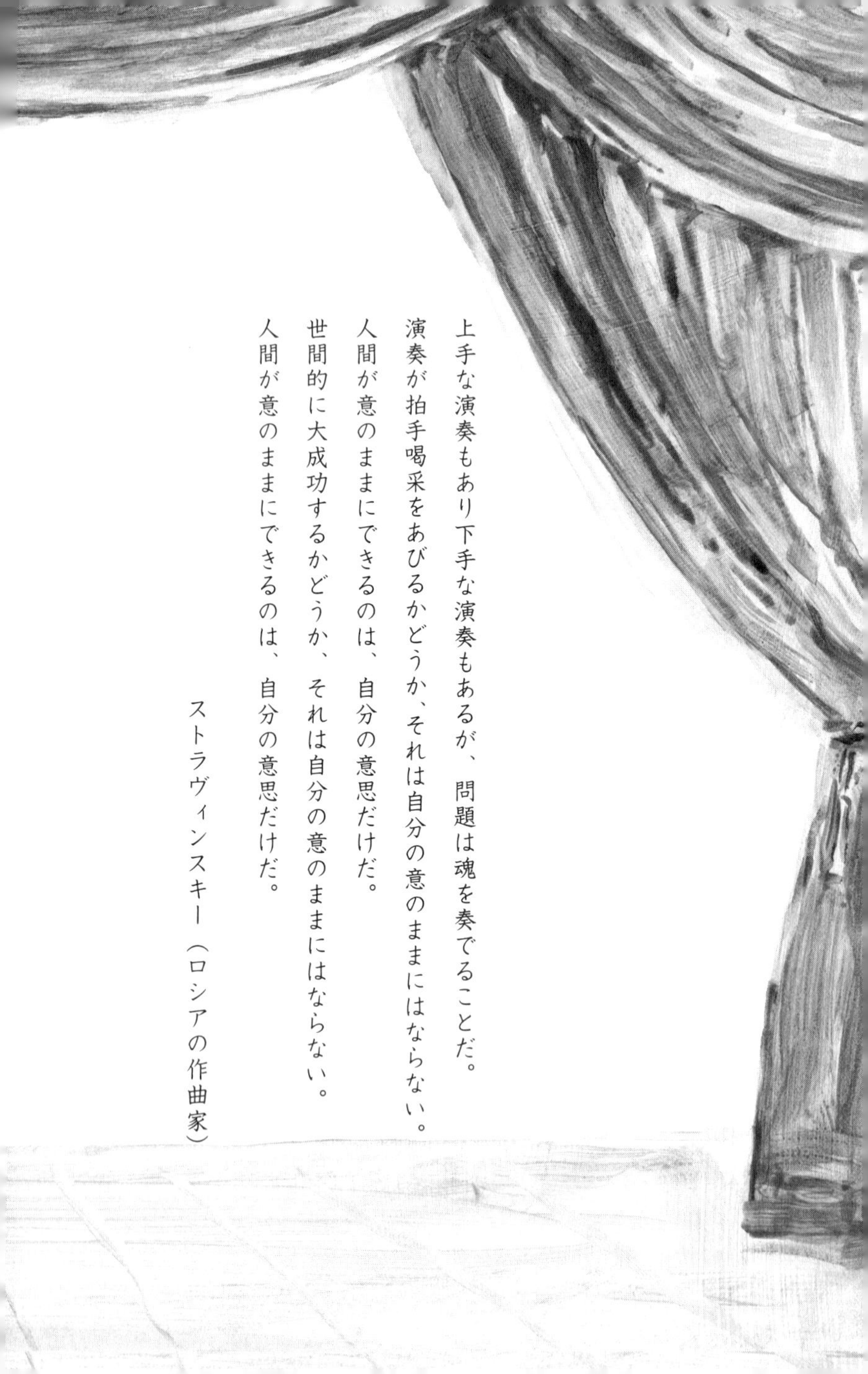

上手な演奏もあり下手な演奏もあるが、問題は魂を奏でることだ。
演奏が拍手喝采をあびるかどうか、それは自分の意のままにはならない。
人間が意のままにできるのは、自分の意思だけだ。
世間的に大成功するかどうか、それは自分の意のままにはならない。
人間が意のままにできるのは、自分の意思だけだ。

ストラヴィンスキー（ロシアの作曲家）

Prologue
心動かすもの

プレゼンテーションも商談も、
日常のコミュニケーションも、
人に価値を伝えるために
最も大切なものは、
テクニックではなくハートだ。

人を動かす力。

いつの時代も人は、その能力を手に入れたいと、願ってきました。
商品を買っていただくにも、誰かに頼みごとを聞いてもらうにも、
自分ではない他者に動いてもらう必要があるから。

ビジネスシーンでは、「説得力」という名前で呼ばれてきた、
ビジネスマン憧れの能力。
成功者は例外なく、この力に抜きん出ていました。
モノが少なく、品質にバラツキがあり、
情報が一部の人たちのものでしかなかった
20世紀という時代には。

時代は変わり21世紀。
モノは豊かに供給され、品質のバラツキは少なくなり、
インターネット上には膨大な量の情報が飛び交っています。
ニューヨーク・タイムズ紙によると、
世界の情報量は、毎年2倍になっているらしい。

産業革命に次ぐ情報革命の時代に人生がめぐり合ったおかげで、
私たちは瞬時に、世界中の情報にアクセスができ、
自分の考えを大勢に向けて発信することも可能になりました。
20世紀から見れば、魔法のような便利な環境ですが、
あふれる情報の中で、瞬時にスルーされてしまう世界でもあります。

世の中に出回っているすべての情報（流通情報量）の中で、

実際に伝わっているであろう情報（消費情報量）の割合が明らかになっています。

何パーセントでしょうか？
情報過剰の時代だから、少ないのは予想がつくけれど。

10％以下？
もっと少ない。
1％も伝わっていない？
まだまだ。

総務省の調査結果は、0・004％。
裏返せば、**99・996％の情報がスルーされているのです。**

情報があふれすぎた世界で私たちは、
必要な情報にアクセスしたいために、
スルーする能力を向上させて対応しているのです。
伝え方や話し方のノウハウが流行るのも、
そういう背景があるのでしょう。

しかし、伝え方というのは、
テクニックさえ覚えれば「伝わる」ようになるのでしょうか？

プレゼンも商談も、日常のコミュニケーションも、
人に価値を伝えるために最も大切なものは、
テクニックではなくハート（心）です。

心が空っぽなスピーチ、心ここにあらずの商品説明、
心が通わない会話という状況を思い浮かべてみましょう。
ハートがない伝え方が、いかに人間のコミュニケーションを阻害するか、
理解できるはずです。

ビジネス書に書いてあった〝伝え方のテクニック〟を
使いだしたら、周りから人がいなくなった、
などという冗談のような事例も増えています。

テクニックで操作しようとすると、心（動機）が見透かされ、
商品ではなくエゴが伝わり、相手を嫌な気持ちにさせてしまいます。

D・カーネギーは名著『人を動かす』で、
人を動かす秘訣とは、「自ら動きたくなる気持ちを起こさせること」、
ただこの一つだけであると明言しています。

商品や人や企業が持つ本来の価値が伝わり、人が自ら動きだす表現力――それを私は「感動力」と名づけました。

世の中には今、「感動したい人＝多数、感動を生みだす人＝少数」という圧倒的な需要過多供給不足のマーケットが存在しています。
感動する商品はヒットし、感動する接客はファンを増やし、
感動するプレゼンは人を動かし、
感動するリーダーには才能が集まります。
心の時代と呼ばれる現在、
感動を生みだす人や企業の存在価値は高まる一方です。

では、どうすれば、人の心を動かす表現力を
使えるようになるのでしょうか？

そのヒントは、ビジネス界ではなく、
個性豊かな表現力で観客の心を動かし、
ファンが増えることで成功する、
エンタテインメントの世界にありました。

Be the business entertainer.

ビジネスエンタテイナーは、
仕事を通じてお客様の人生のワンシーンに、

たくさんのハピネスや感動をもたらします。

優れたビジネスコミュニケーションは、一流の舞台に似ています。

- 伝えたいことを時間内にドラマティックに伝える。
- もっと話を聞いていたい、この場にいたいと思わせる。
- 聴き手の心が動かされる。
- その場に一体感が生まれる。
- いい余韻が残る。

ざっと思いつくだけで、共通する要素はたくさん発見できます。
舞台でもビジネスでも、本当に伝えることが上手な人は、
スライドなどの小道具（大道具？）に頼らず、

自らのパフォーマンスで顧客に物語を伝え、聴き手の心を動かします。
「いやいやそんな表現力は自分にはない」と思った人は、
本書を読み進めると驚くと思います。
自分にしか表現できないことが、
自分の内側にたくさんあるということに気づいてしまうから。

ビジネスシーンは、表現力を使う場面の連続です。
一対多数で行うプレゼンも、一対一の商談の場も、
部下や上司に伝わるように話すときも、
すべて表現力を活かせるステージです。
情報や想いや意思を伝える表現力の如何で、
価値や関係性そのものが変わってしまう。
そんな時代に、私たちは生きています。

本書は、感動を生みだすコミュニケーションについて、
脳科学でも心理学でも精神論でもなく、
古代ギリシャから現代まで脈々と続く
「表現力」という切り口からアプローチします。

心が動き、自分が動き、人が動く。

自分も含めた「人の心を動かす表現力」を使えるようになると、
仕事も人生もエンタテインメントな世界に変わっていきます。
その変化は、「非日常」ではなく、
日常そのものにスポットライトが当たる、
「新日常」という世界の始まりを意味します。

本書は映画のように、
三幕構成と5つのシーンで展開していきます。

第一幕は、情報過剰時代に蔓延する「心が伝わらない世界」の解説。
学べば学ぶほど、伝わらない世界に迷い込んでしまう
という罠に落ちないためにも、
伝わらない本当の理由を知るための章です。

第二幕は、では伝わるためには何が必要なのか、
「心が伝わる世界」の住人になるコツを明らかにします。
特別なことは何一つなく、誰にでもできるけれど
誰もがやっていなかったポイントばかりであることに驚くでしょう。

第三幕は、人を動かす心の技術を、感動力の3つの構成要素である、「ツタワル表現力」×「ツナガル共感力」×「ツクル創造力」という切り口から伝えます。

各シーンの冒頭には、
それぞれの世界観を表すエピソードが
「手紙」として紹介されます。
たった一人に向かって想いを綴る手紙は、
心が伝わるコミュニケーションのプロトタイプ（原型モデル）です。
私たちは、忙しい現代社会の中で、
気づかずに心の音叉を握りしめてしまい、
お互いに共鳴しにくくなっています。
手紙のエピソードを読むことで、

その握りしめた手を少しだけ緩め、
心の音叉の振動を取り戻してください。

本書を読み終えたあなたの周りに、
たくさんのハッピーエンドが生まれることを楽しみにしています。

感動プロデューサー　平野秀典

Be the business entertainer.

感動力の教科書

人を動かす究極のビジネススキル

目 *Contents* 次

人と人のコミュニケーションでは、共鳴したものが伝わる。
相手の記憶に残るのは、心に伝わった言葉。

045 説得すればするほど売れない
必要のない説明を繰り返すセールスに出会うとき、
聞けば聞くほど買う気がなくなるのは、私だけだろうか？

049 口先で話す人、心で語る人
伝えたいメッセージ、伝えたい想いがあるときは、
うまい話し方をするよりも、心を込めて話せばいい。

054 パワーポイント症候群
仕事のさまざまな場面でパワーポイントによるプレゼンが
増えた半面、人間本来の表現力が年々低下している。

061 錆びつき劣化する表現力
表現力は、人間に与えられた天賦の才能。しかし、デジタルの道具を使いすぎると、
本来持っている心と体という、自分を表現する最高の道具を活かせなくなる。

第二幕　心が伝わる世界

Scene 2

Gap　そこにドラマはあるか　070

手紙　いのちのおと　071

心動くところにはドラマがある　076
光と影、試練と支援、哀しみと喜び。
伝わる世界には、ギャップが際立つドラマがある。

プラス×マイナス＝ハッピーエンド　081
失敗や挫折や別れ――そのときは落ち込むが、
それらはすべて、人の心を動かす物語の構成要素となる。

084 心が伝わる話には奥行き感がある
いいことを言っていても、今ひとつ伝わらない話には、奥行き感がない。
伝わる話は、「情報」だけでなく、そこに物語という「情緒」がある。

088 「やる気にさせる」より「その気にさせる」
劇場型とは本来、仕事の場を劇場の舞台と想定し、
感動を生みだす演劇の手法をビジネスに応用する試み。

092 コアメッセージと世界観
世界観とは、目指すコアビジョンであり、世界へ貢献する
自分の個性であり、自分を活かすあり方の軸になるもの。

097 自分の感動が先で、相手の感動が後
価値が伝わる表現ができる人は、自分の価値観を
相手の価値観に翻訳する表現力と共感力を磨いている。

第三幕　人を動かす心の技術

Scene 3

Impact ツタワル技術　102

103　手紙　PTA会長のスピーチ

120　心に伝わる二人称コミュニケーション

二人称コミュニケーション、すなわち、たった一人に向けて話すように表現しよう。そうすれば、パワフルに伝わる。

126　一人の相手に一度きりのつもりで話す

大勢の前で話すときにも一対一（One on One）の意識を持てば、論旨がわかりやすくなり、言葉にリズムが生まれる。

131　言葉を削ると伝わる

長い話は心に伝わらない。
人の心に残り、行動を促すのは文章ではなく「キーワード」。

137 スリーアクトマジック
伝わる話というのは、実は、本人が意識していなくとも、
結果的に3のリズムになっていることが多い。

143 自然体が最強のポジション
参加者に媚びない。必要以上に謙虚にならない。
話し手と聴き手の「フラット」な関係性が、最強のポジション。

149 空気を読まずに空気を創る
スピーチ開始から数分の間は、下りのエスカレーターを
駆け上るくらいの気持ちで話しながら空気を創る。

153 エレガントに実績を伝える話し方
自分の能力や実績や業績を伝えることが苦手な人は、
いいものを持っていても、誰にも気づかれず活用されない。

Scene 4
Focus ツナガル技術 160
手紙 高度1万メートルの涙 161
共演でツナガル 170
ビジネスシーンで感動が生まれるときは、
「お客様も共演者」という関係性のときが圧倒的に多い。
共感と好奇心でツナガル 175
媚びるのでも偉ぶるのでもなく、
オープンマインドで
その場の空気を開き、ツナガル。
言行一致でツナガル 180
ソーシャルネットワーク時代には、
一貫性のある言行一致こそが「信頼」という価値を生みだす。

186 快の感情でツナガル
声を出すこと、歩くこと、笑うこと、愛すること……
人はもともと持っている機能を使うと、「快感」を感じる。

191 101％でツナガル
日々、1％アップデートを重ねていくこと。
それが信頼を生みだす最高の技術となり、後の大きな変化につながる。

198 間と余韻でツナガル
伝えたい想いが強いと、あれもこれも伝えたくなる。
その結果、内容が多すぎたり、早口で話したりして、かえって伝わらなくなる。

202 声でツナガル
発声や滑舌が悪いと、どんなにいい内容でも、相手に届かない。
練習して、ハートに伝わる声をつくる。

Scene 5
Thanks ツクル技術 208

手紙 父に捧げる世界に一つだけのギフト 209

あなたにしか贈れないギフトは何？ 216
売り手の価値観と顧客の価値観がリンクされる鍵は、
「WHAT」よりも「WHY」を示すこと。

創造のデータベースにアクセスする 225
自分のコアの価値観やテーマは、自分が誰かにもらって
嬉しかったことや、感動したものがベースになっている。

自分を活かす舞台を創る 235
毎日をハッピーエンドにするか、悲劇にするか。
それは自分のプロデューサーとしての腕次第。

Epilogue

大切なことは、何が与えられているかではなく、
与えられているものをどう使うかである。

アルフレッド・アドラー（心理学者）

第　一　幕

心が伝わらない世界

Scene 1

スルーされる世界の中心で

売り込み、説得されて、
モノを買いたい人はいない。
欲しければ
並んででも買うし、
欲しくなければ
タダでもいらない。

手紙
一人芝居

相手を感じない芝居というのは、
段取り演技と呼ばれる。

それは芝居に限らず、
ビジネスシーンでも見られる
伝わらない振る舞い。

機械的に挨拶し、
目の前にいるお客様を見ない接客。

顧客をデータとして見てしまう、
セールスパーソン。
聞いてもいない商品特徴を、
勝手に話し続ける販売員。
相手を無視して、
立て板に水のごとく話すセミナー講師。
いずれも悲しい一人芝居。
伝えれど伝わらず。

観客がいて役者が存在する。
脇役がいて主役が存在する。
共演者がいて物語は存在する。

表現力とは、つながりを紡ぐ力。

人生の途上で初めての経験を共にする誰かと
ドラマを共演しているという静かな自覚。

それがあれば。

気づかれてしまった操作系

SNSやスマホが
インフラとして定着し、
情報の透明化が進んだ環境では、
人を意のままに動かそうとしても、
その「仕掛け」はすぐにバレてしまう。

ビジネスにおいても人生においても、コミュニケーションスキルは最も大切な基本能力です。人を動かすには2つのアプローチがあります。

操作する（コントロールする）か、インスパイアする（感動させる）か。

昨今のビジネスセミナーやビジネス書で学ぶのは、実はほとんどが操作系のテクニックやノウハウです。

これまで当たり前に使ってきたマーケティングやプロモーションの戦略的仕掛け、痛みと快楽をイメージさせる広告テクニックも「操作系」に属すると聞いたら驚くでしょうか？　価格競争等、その意識がないほどに一般化しているものも多いので、気づかないのも無理はないのですが。

効果もあるし、関心も高い操作系ですが、自分が操作される側に立つと、少々問題があることに気づきます。

話し方がうまくなりたい人は「説得力」を上げるテクニックを学びたいと考え、セールスパーソンは「説得力」を上げて、ガンガン売れるようになりたいと思います。人を意のままに動かせる、という謳い文句の心理テクニックに飛びつく人もいます。

では、自分が買い手側、聴き手側のときは、いかがでしょうか？

誰かの話を聞いて説得されたい？
誰かに説得されて商品を買いたい？
誰かの意のままに動かされたい？

そう問われれば誰もが「そうは思わない」と気づきます。私も**納得して**

買いたいと思いますが、説得されて買いたいとは絶対に思いません。

操作するのはOKでも、自分はされたくはない？

操作してもバレなければいいだろうという考え方もあります。ステルスマーケティング（通称ステマ）のような、相手に気づかれないやり方とか。

SNSやスマホがインフラとして定着し、情報の透明化が進んだ現在の環境では、「裏の仕掛け」が見えやすくなっています。その結果、自分が操作されていたことに気づき憤慨する人は、かつてないほど多くなっています。おまけに、情報化社会は拡散のスピードが速く、テクニックの賞味期限が、恐ろしいほど短くなっています。

すぐに役に立つテクニックは、
すぐに役に立たなくなるテクニックでもある。

心打つものは心しかない

人と人のコミュニケーションでは、
共鳴したものが伝わる。
相手の記憶に残るのは、
心に伝わった言葉。

操作されて動くか？　インスパイアされて動くか？

自分自身を振り返ってみれば、誰かの言葉や人柄や生き方にインスパイアされて動いたことのほうが圧倒的に多いことに気づきます。

テクニックで操作されて動きたい人は少ないが、インスパイアされて動きたい人は大勢います。

人と人のコミュニケーションでは、**共鳴したものが伝わる**というのが原則です。そもそもコミュニケーションの語源は「共有する」ですから。

頭で伝えたことは、相手の頭に届き、心で伝えたことは、相手の心に届く。

情報が頭に届いた程度では、あっという間に忘れますが、心に伝わった言葉や情報は記憶に残ります。

従来の理論ベースの戦略論や操作系のテクニックが役に立たなくなってきていることは、多くの人が薄々感じはじめています。

役に立たなくなっているというより、信頼を失いはじめているという事実を、昨今、私たちは目撃するようになりました。

裏で「戦争用語」や「心理テクニック」を使っている人と、お客様と感動を共有できるスキルを磨いている人——あなたはどちらから買いたいと思うでしょうか？

情報の透明化が進む世界では、「裏が見えると信頼を失うもの」と、「裏が見えると信頼が増すもの」に分かれていきます。

もうそろそろ、20世紀の遺物のような操作系テクニックを覚えるエネルギーと時間を、人間力と表現力を高める方向へ使い、心の時代のマインドセットへシフトしましょう。

エゴで人を動かすか？
心で人を動かすか？

説明すればするほど売れない

必要のない説明を繰り返す
セールスに出会うとき、
聞けば聞くほど
買う気がなくなるのは、
私だけだろうか？

モノや情報が圧倒的に少ない時代には、説得型セールスも必要とされていました。セールスマンは、商品知識を覚え、ロールプレイングを繰り返し、商品特徴を「立て板に水のごとく」話せるよう、訓練を繰り返しました。

今はどうでしょう?

必要のない説明を繰り返すセールスに出会うとき、聞けば聞くほど買う気がなくなるのは、私だけでしょうか?

私のセミナーに参加したセールスマンが言いました。

「売込みに熱中するあまり、お客様を無視し、専門用語を使い、難しくしつこいくらいに説明していました。ところが、説明すればするほど、売れないことが多かったと思います」

伝えても伝わらず。説得すればするほど売れず。

私が演劇の役者として現役だった頃、芝居の演出家から何度も言われた言葉があります。

どんないい演技も、観客に伝わらなければ意味がない。

演技を他の言葉に置き換えると、言葉のすごみがわかると思います。

どんないい話でも、
伝わらなければ意味がない。
どんないい商品も、
伝わらなければ意味がない。
どんなに愛があっても、
伝わらなければ意味がない。

人は、物事に意味を見出すことを大切にする存在です。
かつてないほどの情報が飛び交う現代においては、伝わらないものは、そもそも覚えていません。

つまり、売れない。

売り込み、説得されて、モノを買いたい人はいない。
欲しければ並んででも買うし、
欲しくなければタダでもいらない。

口先で話す人、心で語る人

伝えたいメッセージ、
伝えたい想いがあるときは、
うまい話し方をするよりも、
心を込めて話せばいい。

私たちは正解を求める教育を長い期間受けてきました。そのためか、表現力を使うときも、正しい答えがあるという前提で、「うまくできているか？」をとても気にする人がいます。

立て板に水のごとくうまく話せる人の話が、聴き手に伝わっているかどうかは別問題です。むしろ「話がうまいなあ」で終わる可能性が高い。

伝えるときに最も重要なのは、ハートに伝わったかどうか。

伝えたいメッセージがあって、伝えたい想いがあるときは、うまい話し方をするよりも、心を込めて話せばいいのです。

テクニックで発する言葉は、「舌が言う」と書く「話す」になり、口先だけのスピーチになります。

自分の体験を自分の言葉で伝えたときには、「吾が言う」と書く「語る」になります。

あなたは口先で話す人か？心で語る人か？

伝える力と伝わる力は違います。

たとえばアナウンサーは「正確に伝える」ことが仕事ですから、「伝える力」が職業上必要な能力になります。

では、俳優がセリフを覚えて、「正確に伝える」ことができれば、観客が感動し、ヒット作が生まれるでしょうか？　そうとは限りません。

俳優は観客の「心に伝わる」ことが本来の仕事。

極端にいえば、多少セリフを忘れたとしても、その個性とハートで伝わってしまう役者はいるし、自分の持ち味と個性を活かして活躍すれば、味のある役者と呼ばれ、人気が出たりします。

ビジネスでは、内容と目的によっては、「正確に伝えればOK」の場合もありますが、大半は「伝わる力」が高いほうに優位性があります。

情報過多の時代に、この違いを知らないと、一生懸命「正確に」伝えても、簡単にスルーされてしまうという悲劇が起こります。

コストや労力や時間をかけて伝えたものが、まったく伝わらず無駄になるとは、なんともったいないことでしょうか。

世阿弥が言った「花は観手に咲く」の意味は、**どんなに正確にうまく伝**

えたとしても、相手に届くとは限らないという意味でもあります。

人間は感情の生き物であるといわれるように、頭ではなく心が動いて、初めて行動につながります。

心で感じて動く「感動」という言葉はあるが、
頭で知って動く「知動」という言葉はない。

パワーポイント症候群

仕事のさまざまな場面で
パワーポイントによる
プレゼンが増えた半面、
人間本来の表現力が
年々低下している。

素晴らしいスライドを作ると、
中身が無くてもあるように思えてしまう。

スティーブ・ジョブズ（アップル）

パワーポイントは、
プレゼンする側を楽にさせ、聞く側を混乱させる。

ジェフ・ベソス（アマゾン）

他にも、フェイスブックのCOOであるシェリル・サンドバーグ、リンクトインのリード・ホフマンなど、IT界を代表する人たちが、多用されるパワーポイントに警告を発しています。

パワーポイントとは、ご存じのように、マイクロソフトのプレゼンテーションソフト。世界中で10億台以上のコンピュータにインストールされ、

1秒間に350回のプレゼンテーションが行われているといいます。そんな人気のソフトなのに、禁止する企業が増えているとは……いったい何が起こっているのでしょうか?

開始時刻が来ると部屋の照明が落ち、主役は中央に置かれたスクリーン。話し手は脇役か黒子のように、横に置かれた演台の後ろに立つ。パワーポイントの設定どおり、箇条書きで文章が書かれたスライドが続き、順番を間違えることはありません。

スライドを詳しく作れば作るほど、操作と順番にエネルギーが使われていきます。途中で思いついた素敵な言葉を話すこともなく、参加者の顔を見ることもほとんどないまま、「何か質問は?」でお約束の終了。

まるで患者の顔を一度も見ずに、パソコンの画面だけを見てカルテを書く医師のような、そんなプレゼンを見るたび、私は思います。

「ああ、もったいないなあ」

資料や論理は完璧なのに、なぜか心に伝わらず記憶に残らないプレゼンは、ほぼそのような感じです。

とある企業で講演をしたときのこと。

私の講演の前に、企業側の研修が行われていました。プロジェクターとスクリーン、机の上には資料、お約束のスタイルは完璧に準備され、進行していました。

パワーポイントのスライドはよくできていて、手元の資料でも同じものが確認できるため、受講生は特にメモをとる必要はありません。

休憩後、私の講演が開始。プロジェクターを片づけ、資料なしパワーポイントなし、おまけにそのときは板書なしで2時間。

皆さん深くうなずきながら、すごい勢いでメモをとり続けます。

資料もパワーポイントも板書もないとき、「これ役に立つかも!」と思ったら真剣にメモをとるしかありません。そしてそれは役に立ちます。


仕事のさまざまな場面でパワーポイントによるプレゼンが増えた半面、人間本来の表現力が年々低下しています。

手書きの文字を書かなくなり、いつの間にか字が下手になって、難しい漢字を書けなくなってしまったように。


準備されたスライドがあると、忘れる心配がなくて安心する、という人が多いことは知っています。そして、忘れないように徹底的に練習する、という人が少ないことも知っています。

でも、たとえば役者が、「台本があると忘れる心配がなく安心なので、舞台の上でも持たせてください」と言ったら、即降板です。

アップルでジョブズのもとで働き、刺激を受けていたプレゼン指導の第一人者、ガー・レイノルズは、「パワーポイントによる死」という言葉で、暗い部屋で箇条書きを多用したプレゼンを戒めています。

世界レベルのリーダーたちが、
「クリエイティビティを阻害する」
という本質的な理由で、
パワーポイントの使いすぎを危惧している。

錆びつき劣化する表現力

表現力は、人間に与えられた天賦の才能。
しかし、デジタルの道具を使いすぎると、
本来持っている心と体という、
自分を表現する最高の道具を
活かせなくなる。

いつからでしょう？　スクリーンを見ないと落ち着かなくなったのは。

パソコンのスクリーン。スマホのスクリーン。

テレビのスクリーン。パワーポイントのスクリーン。

便利な道具を使えば使うほど、伝える本体としての自分の表現力は磨く機会を失い、劣化していきます。

人間に与えられた表現力が「１００」あるとしたら、今の私たちはおそらくその半分も使っていません。

パワーポイントに頼り、資料を立派にするのにエネルギーを割かれ、表現体としての人の存在が薄くなるプレゼンに、私はずっと「つまらなさ」を感じていました。

私たちはそれぞれ、その人にしかできない表現力を持っているということを、いつの間にか忘れてしまっています。

プレゼンの道具を使いすぎると、本来持っている「心と体」という命を表現する最高の道具を活かせなくなります。活かせないどころか、錆びついてしまっている人をよく見かけます。

錆は落とせばいいけれど、そうしたスキルやノウハウを教えてくれる人が少なくなっているのも事実。

もしも何かのトラブルでプロジェクターかパソコンに不具合が発生して、スライドがまったく使えない状態でプレゼンをすることになったとしたら、あなたは対応ができるでしょうか？

実際に、そのような状況になってしまう人は、ときどきいるようです。

そして意外にも、道具を使わず、自分自身を主役として一生懸命語ったときのほうが、いいプレゼンになったという人が多いのです。

何かを学ぶときには、2通りの方法があります。**自分の内側にあるものを「磨く」**か、**自分にはないものを外側から「身につける」**か。

車やパソコンでは、もともとあるものは「標準装備」、後から取り付けるものは「オプション装備」と呼ばれています。

その分類で眺めてみると、世の中に出回っているノウハウやテクニックは、ほとんどが後から身につける「オプション装備」であることが見えてきます。

表現力は、どちらでしょうか？

後から身につけるスキルだから、オプション装備？

忘れてしまったかもしれませんが、この機会に少しだけ思いだしてほしいことがあります。

あなたが赤ちゃんのとき、ただ微笑んだだけで、周りの大人を幸せにしていたことを。

あなたが幼かった頃、表現力全開で遊んでいた頃のことを。

毎日、知らないこと、新しいことが次々に起こり、ビックリしたり感動したりしていたあの頃のことを。

誰もが皆、子どもの頃は、表現力の達人でした。

大人になる過程で、私たちは表現力を封印し、自分を守るための鎧のようなものを身につけていきます。

処世術であったり、常識であったり、テクニックであったり。

まるで、次々と役に立ちそうなソフトをインストールし、容量がいっぱいになってしまって、動きが遅くなったパソコンのように。


表現力は、人間が標準装備として与えられた才能の一つでした。

私たちは、自分が思う以上に大切な「あるもの」に気づかず、使うこともなく、自分の可能性を狭めていたのかもしれません。

「あるもの」を最大限活かした後に、初めて必要な「ないもの」が見えてきます。

口紅は、落ちる過程にこそ、ドラマがある。

ココ・シャネル（ファッションデザイナー）

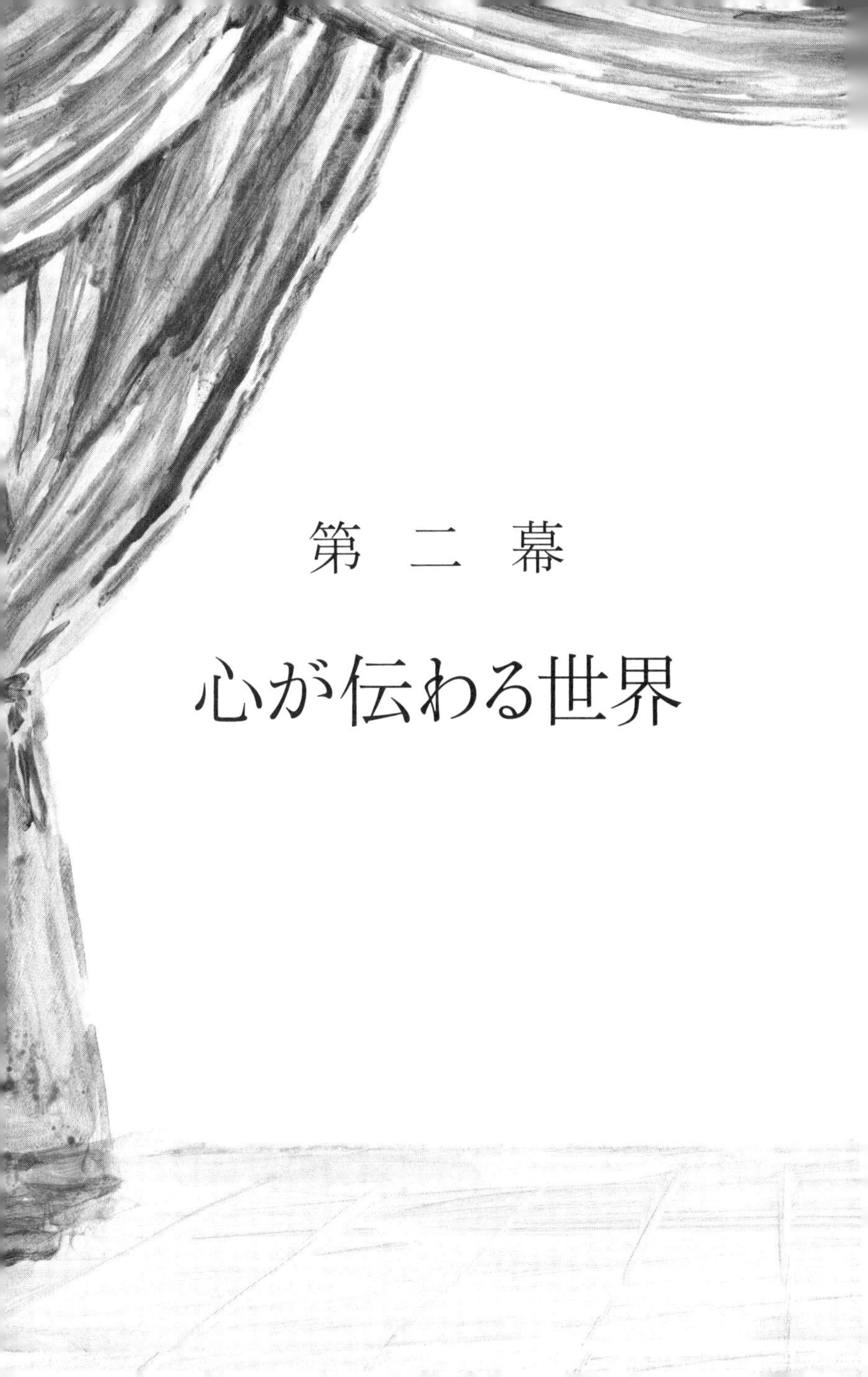

第　二　幕

心が伝わる世界

Scene 2

Gap

そこにドラマはあるか

ドラマとして面白いのは、
予定調和ではない、
意外性や
ギャップのある
ストーリーだ。

手紙　いのちのおと

あなたは覚えているかな?
「あなたがお腹にいる」とお母さんが初めて知った、
夏の終わりの日を。
電話で知らせを聞いて、うれしくて言葉にならず
二人で抱き合いながら喜んでたこと。
あなたは覚えているかな?
あなたがお腹にいるとき「はやくはやく会いたい」
と呼びかけていたこと。

あなたのことを思うと、心があたたかくなった。
たくさんの幸せを与えてくれたね。
あなたの「いのちのおと」は、世界で一つのおと。
誰にも奏でられない、かけがえのない響き。
あなたは待ち望まれて、この世へ生まれる命
いつまでも いつまでも、響きますように…

あなたは覚えているかな？
初めて動いた日のこと。
いのちのあたたかさを、この手で感じた。
「私は生きているよ」と伝えてくれてたんだね。

「はやくはやく会いたい」と答えているよう。

あなたは覚えているかな？
お母さんのお腹が痛んで、
あわてて病院に駆け込んだ日のこと。

「会えなくなるかもしれない」
考えるだけで悲しくて、
いのちの大切さに気づかせてくれた。

あなたの「いのちのおと」は、世界で一つのおと。
一度も途切れることなく、鳴り響き続けてく。

あなたの「いのちのおと」は、勇気を与える力。
いつまでも、いつまでも、響きますように…

あなたは知っているかな?
あなたと出会うまでに、
お母さんとお父さんが流した涙を。

「二人で生きてゆこう」とあきらめかけたそのとき、
あなたの「いのちのおと」が聴こえてきたんだ。

あなたの「いのちのおと」は、世界で一つのおと。
奇跡のような巡り合い、それこそがあなた。

あなたは何があっても、乗り越えてゆけるいのち。
皆に笑顔と希望を、与えてくれるいのち。
あなたの「いのちのおと」は、すべてを結ぶ音。
あなたはあなたのままで、いつだって大丈夫。
お父さんとお母さんのもとに生まれてくれて
ありがとう、ありがとう、心からありがとう…

心動くところにはドラマがある

光と影、試練と支援、哀しみと喜び。
伝わる世界には、
ギャップが際立つドラマがある。

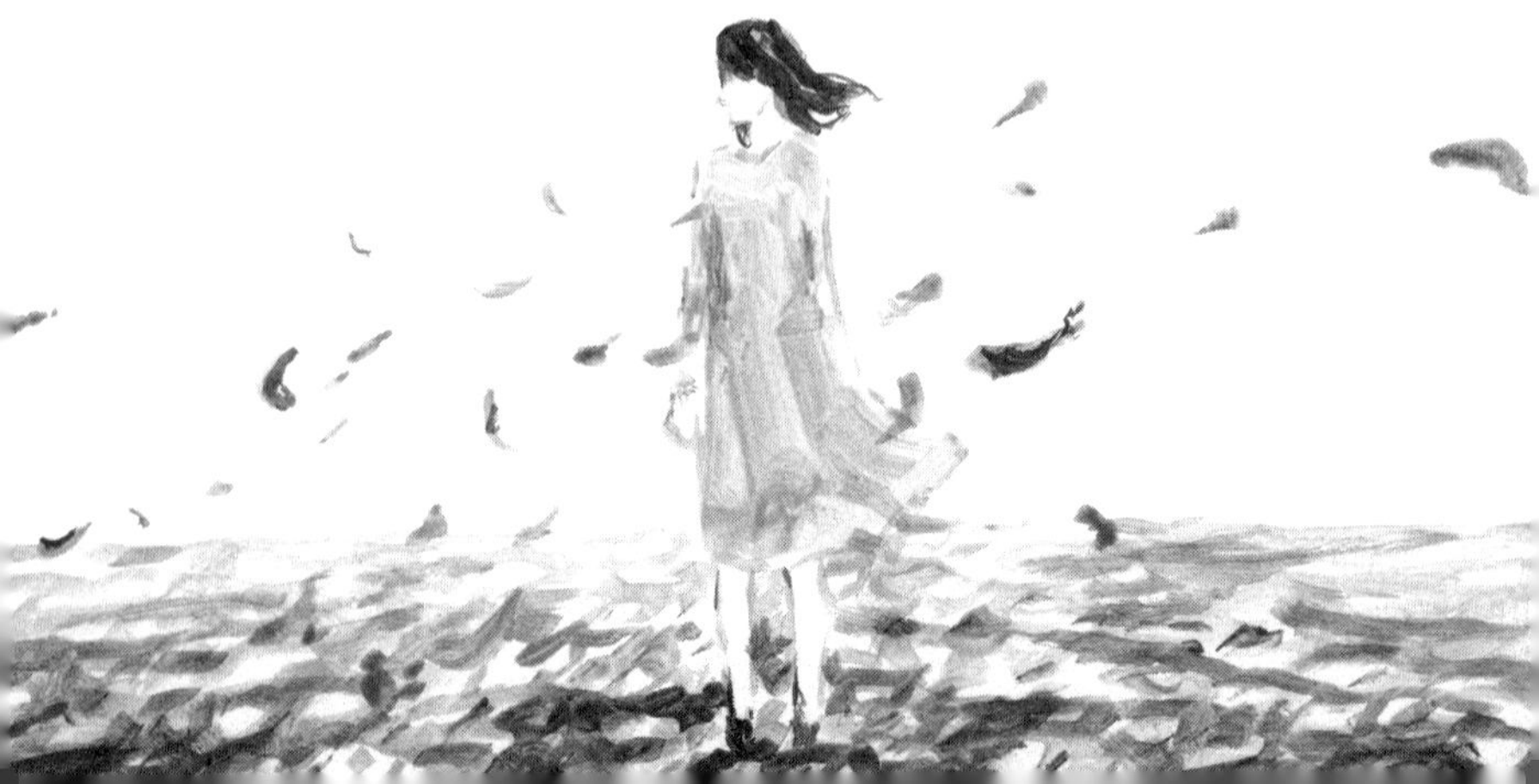

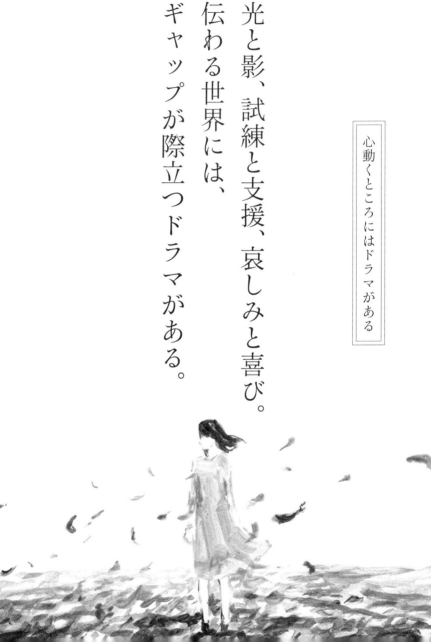

やっと授かったかけがえのない命への喜び、もしかすると会えないかもしれないという不安を乗り越えて、家族が手にしたハッピーエンド。やがてこの子が成長し、この手紙を読んだとき、自分がこの世に生まれてきたときの親の無条件の愛を、リアルに感じることでしょう。

私が主催するセミナー「観音崎感動塾」に参加された鎌田等さんが第一子を授かったときに、子を思う親の愛をまっすぐに紡いだ手紙です。

大切な人へ向けた心からのメッセージは、ドラマを創造します。

心が伝わる世界には、必ず良質のドラマがあります。

そしてドラマには、2種類の展開があります。

一つは**「予定調和」**のドラマ。

そうなると思っていたら、やはりそうなった、というドラマ。

予想どおりの展開で、途中で先が読めてしまうドラマです。

途中で犯人がわかってしまうような、予定調和の展開はつまらない。

ドラマとして面白いのは、いい意味で予想を裏切って、意外性やギャップを感じさせる展開です。

私はそれを**「予定外調和」**と呼んでいます。ハラハラドキドキの展開から想定外にハッピーエンドとなり、感動的に調和するイメージです。

光と影、試練と支援、哀しみと喜び、
伝わる世界には、ギャップが際立つ
ドラマがある。

個人においても、実は予定外調和というドラマ的なあり方が、人間的魅力を向上させます。ＢＭＷが、かつてフラッグシップモデルの７シリーズで行った広告を見ると、その意味がわかります。

「人生に多くのことを求める人へ、ＢＭＷ」

大人の哲学を持ち、子どものような純粋さを持つ人。
主流なのに、心は反主流である人。
スーツを着こなすが、ジーンズもはきこなす人。
人生も語れるが、ジョークもうまい人。
有意義も好きだが、無意味なことも好きな人。
ワインにも詳しいが、恐竜にも詳しい人。
常識は持っているが、決して縛られない人。
ＩＴには強いが、手紙は万年筆で書く人。

家庭を愛しているが、時には家庭を忘れられる人。
孤独も好きだが、社交も上手な人。
常に冷静だが、時に情熱的になれる人。
クラシックも聴くが、ロックも愛している人。
自信はあっても、過信はしない人。
美術館にも行くが、ジムにも行く人。
協調もできるが、反論もできる人。
夜更かしはするが、朝きちんと起きる人。
守るものが多くても、冒険できる人。
部下には優しいが、上司には厳しい人。
食べるのも好きだが、料理もできる人。
上質にこだわるが、贅沢は好きじゃない人。
自分の誕生日は忘れても、約束の時間は守る人。

プラス×マイナス＝ハッピーエンド

失敗や挫折や別れ――
そのときは落ち込むが、
それらはすべて、人の心を動かす
物語の構成要素となる。

「自分には人に語るようなドラマがない」という人がときどきいます。

それは、ちょっとした勘違いをしているだけです。

必要なのは「人に語る物語」で、「人に誇る物語」ではないから。


いい家に生まれて、いい教育を受けて、いい学校に行き、素晴らしい仕事につき、素敵な人と出会って、幸せな人生を送りました――そんな映画があったら、あなたは観たいですか？

波瀾万丈とまではいかなくても、うまくいかないことや挫折を乗り越えて、成長していく主人公の姿にこそ、人は感情移入します。

自分の成功を一人で誇り続けるような自信過剰な人に、あなたは共感するでしょうか？


映画に限らず、現実の人生においても、失敗と成功、挫折と復活、試練と支援、失望と希望、ピンチとチャンス、別れと出会いなど、プラスとマイナスは常にセットで世界を形成しています。コインも裏表があって成り立つように、両極が必ず存在するのが、自然の摂理です。

ヒーローには、強敵や世界観を変えるほどのチャレンジという設定が、どうしても必要になります。

失敗や挫折や別れは、そのときは落ち込みますが、それらはすべてドラマを構成する要素として機能し、他者に共感しサポートできる経験にもなります。

人は他者の話を聞いて感情移入し、自分に置き換えることで、勇気や愛やチャレンジスピリットを学ぶ存在です。映画や小説が、まったくの他人の話なのに感動するのは、同じメカニズムです。

心が伝わる話には奥行き感がある

いいことを言っていても、今ひとつ伝わらない話には、奥行き感がない。伝わる話は、「情報」だけでなく、そこに物語という「情緒」がある。

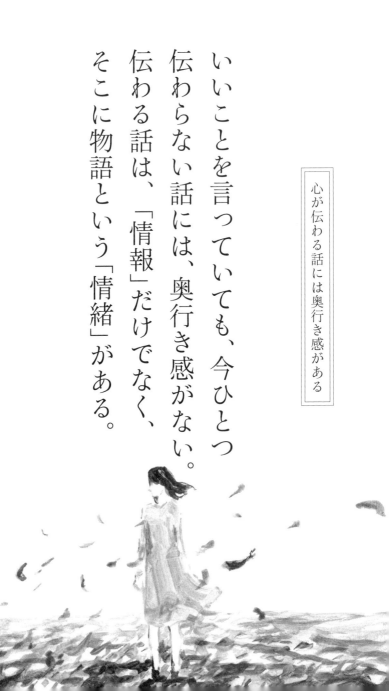

1975年4月に発売されミリオンセラーとなった、『シクラメンのかほり』という楽曲があります。円熟味を増した布施明さんの歌は、発表当時よりも、静かながらも心に伝わってくる歌い方に変わっています。

「歌い方が変わり、前に迫ってくる感じがする」と感想を述べた歌番組の司会者に対して、布施さんは次のように答えました。

「今は、歌うときに物語をイメージしている。
歌う時間はわずか3分ほどだけれど、
2〜3時間の映画ほどの情景を浮かべながら歌っている」

これは歌に限らず、心に伝わる表現力の極意の一つです。
いいことを言っていても、今ひとつ伝わらない話には、この「奥行き感」がない場合が多いのです。

一流の歌手は、歌の歌詞に物語をイメージして、想いを込めて歌うので、伝わる響きが生まれるのです。

一流の役者も、セリフ一つに膨大なイメージと経験を込めています。

そして一流のスピーカーも、コンテンツの一つ一つにイメージと経験を込めて語ります。

どこかからフレーズや言い回しを持ってきただけの話には、この深さがないので、どんなにうまく話した（コピーした）つもりでも、なぜか、心に伝わらないのです。

ちなみに、『シクラメンのかほり』というタイトルですが、本当は、「かほり」より「かをり」が正しいのだけれど、この楽曲は、実は作詞・作曲を手掛けた小椋佳さんが奥様の「佳穂里《かほり》」さんに宛てた愛の賛歌であり、美しいシクラメンを妻に見立て、妻の名「かほり」をつけたことからこの表記が使われたという説があるそうです。
そして、もともとシクラメンには香りがなく、また、薄紫の花もなかったのですが、曲のヒットにより、品種改良で香りがつき、薄紫の花も誕生したらしいのです。

この説の真偽のほどは別にして、ここまで読んできたあなたは、この曲を聴きたくなってきたのではないでしょうか？
それは、『シクラメンのかほり』という「情報」に、物語という「ドラマ的情緒」が加わったからです。

心に伝わる話には、経験とイメージ、物語が醸しだすハーモニーがあります。

「やる気にさせる」より「その気にさせる」

劇場型とは本来、
仕事の場を劇場の舞台と想定し、
感動を生みだす演劇の手法を
ビジネスに応用する試み。

「劇場型犯罪」や「劇場型政治」など、劇場や演劇が、まるで悪いことのようにイメージされてしまっているのは、大変残念なことです。役に立つ手法というのは、使い方で悪用もできるので仕方がない面もありますが、間違ったイメージはぜひとも払拭したいと思います。

劇場型というコミュニケーション手法を、本来のポジションに戻すことで、劇場型ビジネス、劇場型リーダーシップ、劇場型ハピネスという素晴らしいアプローチが、新しく世の中に生まれ出てくることでしょう。

劇場型とは、仕事や人生をビジネスを劇場の舞台と想定し、感動を生みだすエンタテインメントの手法をビジネスに応用する試みです。

ビジネスを戦争のアナロジーではなく、演劇のアナロジーとしてとらえることで、満足の先にある感動のつくり方を考えます。

演劇では、観客の観たいものと、演じ手の魅力が重なり合った部分が、感動ポイントとなります。

重ならない部分は、機会損失になるので、双方の価値観を融合させる演出家（プロデューサー）が必要となります。

「演出」も時にマイナスのイメージを抱かれることがあります。センスのない過剰な演出や、嘘で脚色したりする「演出もどき」のせいで、そういう勘違いが生まれるのでしょう。

演出とは本来、人や作品の魅力を引き出し、他者に伝わるように調和させる技術です。映画や演劇では、大変重要な要素になり、同じ作品がまるで違う出来栄えになってしまいます。

いい演出家に出会うことで、一気に開花し人気俳優になることも珍しくありません。

ビジネスではまだまだ活用されていませんが、**一流のリーダーや経営者**

の中には、演出能力が抜群に高い人が多いようです。権力や命令ではなく、演出力でインスパイアし「その気にさせて」自ら動く人を生みだすリーダーです。

「その気にさせる」というアプローチは、「やる気にさせる」よりも数倍効果的です。

本来の劇場型とは、観客をテクニックで動かすのではなく、磨かれた演技と洗練された演出力で観客をその気にさせ、魅了し、感動させるアプローチなのです。

「やる気」は、その原因がなくなると消失するが、「その気」は、本人が変更しない限り、ずっと持続する。

世界観とは、
目指すコアビジョンであり、
世界へ貢献する自分の個性であり、
自分を活かすあり方の
軸になるもの。

心に伝わる話ができる人は、ストーリーの中に、コアメッセージを必ず表現しています。

コアメッセージを決めるには、伝えるベースになる自分の「世界観」を決める必要があります。世界観とは、目指すコアビジョンであり、世界へ貢献する自分の個性であり、自分を活かすあり方の軸になるものです。

「それはわかるけれど、自分の世界観なんてよくわからない」という方も多いと思いますが、ご心配なく。やり方の情報が氾濫しすぎて、見えにくくなっていただけですから。

コアビジョンとは、「〇〇（名前）ワールド」と呼ばれる独自の世界観です。私の公式サイトには、「平野ワールド」を表現する次のようなコアメッセージと世界観を掲載しています。

ツタワル×ツナガル×ツクル
周りにたくさんの
ハッピーエンドを生みだす人を
創出する。

舞台や映画では、無関係に思えた過去のシーンが、
一つの演技をきっかけに一気に今のシーンにつながることがある。
やがて物語の最後になって、
すべてのシーンがつながっていたことを観客が知り、感動する。
人生という舞台にも、
過去が見事に今につながっていることに、気づくことがある。
人生は一筆書きのドラマ。

途切れることなく、
世界に一つだけのかけがえのない物語を紡ぎ出していく。

偉人やリーダー、アーティストや歌手の作品も含めて、人の心を震わせ、動きを静止させてしまうほどのパワーを持った世界観に出会ったことがありますか？

もしあなたが、誰かが生みだす世界に感動し、インスパイアされたとしたら、自分にもできると気づいているからです。

あなたが表現すべき世界観は必ずあります。一生のうちに、それに出会えるか出会えないか、その違いは気絶するほど大きいものです。

あなたの世界観というストーリーは、パワーポイントのスクリーンにまとまる程度の小さなものではありません。

それは、あなたの人生を彩り、誰かの勇気となり、誰かの希望となり、誰かの夢の道標になるもの。

だから、あなた自身が表現し、全身全霊で伝えましょう。

自分の世界観を発見するヒントは、過去の感動体験にあります。

自分の感動が先で、相手の感動が後

価値が伝わる表現ができる人は、自分の価値観を相手の価値観に翻訳する表現力と共感力を磨いている。

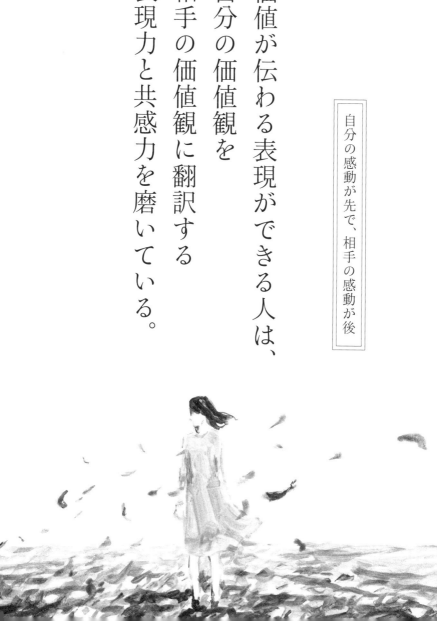

価値が伝わる表現ができる人は、自分の価値観を相手の価値観に翻訳する表現力と共感力を磨いています。

本当のトップセールスは、売り方がうまい人よりも、自分の感動をお客様に伝わるように表現できる人です。人を動かすリーダーや経営者は、自分の感動を部下に伝わるように表現できる人です。トップセールスとリーダー、どちらにも、重要な順番があることがわかるでしょうか？

「自分の感動」が先で、「相手の感動」が後。

リーダーの仕事とは、感動することから始まり、それが部下や取引先に伝わる表現力を磨くことでもあります。そういうリーダーのもとには、ビジネスというドラマの共演者が増えていきます。

ビジネスとは、売り手と買い手が感動を共有するドラマです。

私が仕事における表現力の重要性に目覚めたのは、会社員時代に出会ったオーストリアのセールスマンがきっかけでした。

世界を股にかけて飛び回る彼が私に向けて熱く語った言葉が、いまでも鮮明に記憶に残っています。

「私の仕事は、お客さんに商品の素晴らしさが伝わったとき、フィニッシュする」

「セールスで一番大切なことは、感動が伝わること」

商品の特徴を伝えただけでは、彼の仕事は終わらない。

感動が伝わるまで、彼は日本に残るのです。

彼のプレゼンと言葉は、私を強烈にインスパイアし、私の世界観の原点の一つにもなっています。

もしすばらしいことができないなら、
小さなことをすばらしいやり方で行いなさい。

ナポレオン・ヒル（成功哲学者）

第三幕

人を動かす心の技術

Scene 3

Impact

ツタワル技術

コミュニケーションとは、
誰かを操作して動かすための手段でも、
誰かに情報を伝えるだけの手段でもなく、
誰かと心がつながるための、
人間の営みである。

手紙　PTA会長のスピーチ

1年生の皆さん、ご入学おめでとうございます。
私は、PTA会長のこはまと申します。
PTAって知ってますか？
聞いたことがある人？
（5～6人の子どもが手を挙げる）
うわぁ～すごいね。知ってるんだ～
このPTAって言葉は、実は英語でできているんですよ。
英語のPとTとAです。

さぁ、問題です。
PTAのPはどんな意味でしょうか？
わかる人？
（一人が元気よく手を挙げる！）
おぉ！（その子を指さして）はいどうぞ！
子ども「駐車場！」
（会場からどっと笑いが起こる）
そうかぁ～、駐車場。確かにそうだね。
あちこちにいっぱいPのマークがあるもんね。
よく知ってるね。すごいね。ありがとう。
これはちょっと難しかったかな。

PTAのPはParentsといって、
お父さん、お母さんのことです。

もっと広い意味では、
お父さん、お母さん、おじいちゃん、おばあちゃん、
とにかくみんなと一緒に住んでいて
みんなを守ってくれている人のことです。
保護者ともいうんですよ。

はい、じゃあ、Tはどうかな？
わかる人！（今度は誰も手を挙げない）
Tはね、Teachersといって、先生のことです。
じゃ、最後のAは何でしょう？

これは、ちょっと難しいと思うのでおじさんが言いますね。
大学生のお兄ちゃんでも知らない人は多いんですよ。

PTAのAは、Associationといって、
日本語では、集まり、仲間です。
だから、PTAは、お父さんやお母さん、
そして先生たちの集まりで、そして仲間なんですよ。
どんな仲間かというと
みんなが学校で楽しくお勉強したり、
安心して遊んだりできるようにするには
どうしたらいいかな〜って
一緒に考えていろいろなことをしてくれるんです。
だから、みんな安心して学校に来てくださいね。

それじゃ、これからお世話になるその仲間にご挨拶しましょう。
おじさんも一緒にやりますから、大きい声で言いましょうね。
はい、じゃ、立ちましょう。（1年生みんな起立）

まずはPTAのT、
ティーチャーにご挨拶しましょう。
皆さんはこれから、
いっぱいいろんなことを、先生から教えてもらいます。
はい、その先生方へ「よろしくお願いします」って
ご挨拶しましょう。

いいですか？
大きい声で言えるかな？
じゃ、一、二の三で言いましょう。
一、二の三！「よろしくお願いします」
（子どもたちの声が体育館に響く）

大きい声だね～。おじさん、嬉しくなってきました。
はい、じゃ、こんどはお父さんお母さんのほうを向きましょう。

皆さんは、これまでいっぱいおうちで愛されて、
ここまで元気に大きくなりました。
じゃあ、まずそのことに「ありがとうございます」と言いましょう。
はい、一、二の三「ありがとうございます」

そして、これからもずーっとお世話になりますから、
「よろしくお願いします」ですね。
はい、一、二の三「よろしくお願いします」

うわぁ〜すごい、大きな声ですね。
おじさんは、皆さんの声を聞いてとっても元気になりました。
そして、実は皆さんを助けたり守ったりしてくれる仲間は、
先生やお父さん、お母さんだけではありませんよ〜。
ほ〜ら、お父さんお母さんの前に座っている人たちを見てください。
なんとかっこいい、素敵なお兄ちゃんお姉ちゃんたちでしょう。
6年生のお兄ちゃんお姉ちゃんですよ〜。

みんなも学校で5年間お勉強して遊んだら、
あんなに素敵なお兄ちゃん、お姉ちゃんになれるんですよ。
楽しみだね～
皆さんが困ったときには、
きっとこのお兄ちゃん、お姉ちゃんが助けてくれます。
じゃぁ、お兄ちゃんお姉ちゃんにもご挨拶しましょうか。
はい、「よろしくお願いします」

そして、そして、みんなを守ってくれる仲間は、
これだけじゃないんですよ。
まだ、ご挨拶してない人がいますね～
さぁ、どこかなぁ～？

（子どもがあっちと来賓席を指さす）
そうだね〜、あちらにたくさんの人が座っていますね。
地域の皆さんです。
今日は、皆さんの入学のお祝いに集まってくださいました。
地域の皆さんは小学校の近くに住んでいたり、
皆さんのお家のそばに住んでいたりします。
そして、みんなが学校や公園や公民館、道ばたで
ちゃんと遊んでいるかなぁ〜
危ない車や人が来ていないかな〜って、

みんなを守ってくれているんですよ。
みんなが学校の行き帰りの道に立って、
見守ってくれたりもしています。

じゃあ、地域の皆さんにもご挨拶しましょう。
「よろしくお願いします」
（来賓の皆さんから拍手が起こる）

は〜い、ありがとうございます。
皆さんの声を聞いて、会長のおじさんは、
とっても元気になりました。

皆さんが元気に挨拶するだけで周りの人は

とっても元気になるんですよ〜
みんなは、大人を元気にする見えない力を持っているんですよ。
でも、みんなの持っている力はこれだけじゃありません。
じゃぁ、みんなのお手々を出してください！
（子どもたちが一緒に手を挙げる）
たとえば、あいたたたぁ〜
（とお腹が痛くなったふりをする）
そのとき、みんなの手はどこにありますか？
痛いお腹に当てますね。
そうすると、お腹の痛みが少し弱くなるんですよ。
頭が痛いってとき、どうしますか？

頭を手で押さえますね。
そうすると頭の痛みが少〜しずつなくなっていくんですよ。

みんなは、お父さんお母さんと手をつなぐよね。
そうするとどんな気持ちになる？
悲しい？（ううんと子どもが首を振る）
安心するよね。
嬉しくなるよね〜

それは、お父さんお母さんの手の見えない力が
みんなを安心させてくれるからなんですよ。
でもね、それだけじゃなくて
お父さんお母さんも、みんなの手から

見えない力をもらって、元気になるんですよ〜

皆さんは、見えない大きな力を持っているんです。
大人を元気にする力があるんです。
そんな大きな力がお手々にあるんですよ〜

それで、おじさんから、みんなにお願いがあります。
そのお手々の見えない力をたくさんたくさん使ってほしいんです。

もし、お母さんがお家で泣いていることがあったら、
みんなの手をお母さんの肩にそ〜っと当ててください。
お母さんの手をそ〜っとつないでください。

そしたら、きっとお母さんは元気になります。
お友達が泣いていたら、肩にそーっと手を当ててください。
お友達が元気になります。

一人で寂しそうにしているお友達がいたら
そのお友達のそばに行って、お手々をつないであげてください。
みんなの手のあたたかさがそのお友達に伝わって、笑顔が出てきます。

新しいお友達と、たくさんたくさん握手してください。
とにかくクラスのお友達と一杯いっぱい握手してください。
それだけで、みんなどんどん元気になって、
たくさんのお友達ができるんですよ。

外で、地域の皆さんに会ったら
ご挨拶してください、そして握手してください。
地域の皆さんは、
お父さんお母さんとはまた違った大きな力を持っていて
みんなを元気にしてくれるし、
地域の皆さんも、
みんなと握手するととっても元気になるんですよ。
校長先生が朝、門のところに立っていますから、
ご挨拶するときに握手してください。

きっと、校長先生はみんなの手の力で
元気いっぱいになります。

あんまり元気になりすぎて、
宙返りしてしまうかもしれないなぁ〜
校長先生は体育の先生ですからね。

は〜い、それでは、今から大人の人にご挨拶しますから、
ちょっとだけ待ってくださいね。

先生方、保護者の皆様、地域の皆様、
ごらんのように彼らは大きな力を持っています。
そして、多くの可能性にあふれています。

どうぞ、彼らが本来持っている力を存分に発揮し、
素敵な少年少女となれますよう、学校行事、

そしてPTA活動にご理解とご協力を切にお願い申し上げます。

はい、それでは、これでPTA会長のお話を終わります。

二人称コミュニケーション、
すなわち、たった一人に向けて
話すように表現しよう。
そうすれば、パワフルに伝わる。

子どもたちへの愛情あふれるスピーチは、以前福岡市片江小学校でＰＴＡ会長をされていた小浜輝彦さんが入学式のときにされたものです。小浜さんは、次のような想いを込めて話をされました。

子どもたちは、弱く小さく守るべき存在なのではなく、多くの力を秘めた可能性あふれる存在であること。それを私たち大人や子どもたち自身が気づかず、自信をなくしたりしてはいないだろうか。そのことを伝えたい。

スピーチを聞いていた会場のすべての人たちに、大切なことが臨場感をもって伝わっていった様子が目に浮かびます。

小浜さんが話しかけている相手は、会場のたくさんの聴衆ではなく、子どもたち、先生、親御さん、地域の人たち、それぞれに向けて発せられたものでした。

言葉を発するとき、私たちは自動的に、「人称」というフレームを選択し表現しています。簡単にいえば、一人称は「私」、二人称は「あなた」、三人称は「私とあなた以外のその他大勢」です。

繰り返しますが、ほぼ無意識に選択をしています。次は何人称で話そうか？などと、いちいち考えながら話す人はいません。

しかし世の中には、人称を先に決めないと、仕事が一歩も前に進まない職業の人たちがいます。脚本家、小説家、作詞家、コピーライターなど、プロの表現者たち。人称によって伝わり方が違うことを、心底知っている人たちです。

ビジネスシーンでよく使われているのは、「この商品の特徴は…」「私どもは…」「当社は…」という一人称。

目の前の一人に向けて話すときは、目の前の「あなた」へ向けた二人称。

大勢に向け話すときは、「皆さ〜ん」という三人称。

カタログに書いてある言葉は、不特定多数に向けて書かれているので、通常は三人称の表現になっています。

PTA会長の小浜さんのように、大勢に向けて話すときにも、大切な一人一人に届くことを意識して話すと、三人称ではなく二人称になります。

無意識で自動選択している人称を、感動コミュニケーションでは意図をもって選択します。

いまのコミュニケーションに最も欠けていて、しかし実は最も人の心に伝わるのは、三人称でも一人称でもなく、「二人称」です。たった一人へ向けて発せられる、二人称のフォーカスされたパワーが、「一人×大勢」の人へ届いていきます。

コミュニケーションとは、誰かを操作して動かすための手段でも、誰かに情報を伝えるだけの手段でもなく、誰かと心がつながるための、人間の営みなのです。

PTA会長から子どもたちへ向けられたメッセージは、大人たちが忘れかけていた、大切なことを思いだすきっかけにもなりました。後に小浜さんから、「人称」について次のようなメッセージをいただきました。

自分ではまったく気づいていませんでしたが、確かにそうでした。一人称でも三人称でもなく二人称の言葉でした。

伝えたい想いを体育館にいるすべての方、ここにはいなくとも大切な人一人一人に届くことを意図して、全体を含む気持ちで話をしました。決して押しつけではなく、自ら気づくことから始める——それによって人はパワフルになれると思っています。

一人の相手に一度きりのつもりで話す

大勢の前で話すときにも
一対一（One on One）の意識を持てば、
論旨がわかりやすくなり、
言葉にリズムが生まれる。

自分が知っている大切な話を、大切な人に、たった一度だけ話す――この二人称コミュニケーションのすごさを、私自身が強烈に体感した出来事がありました。


それは、実在する私の息子に向けて、人生を豊かにする知恵を伝える本を書いたときのことです。当時息子は小学生だったので、社会人になっているはずの10年後の息子に向けて語るという設定にしました。

このときの執筆体験は、話し手としての自分にとっても、大きな学びの機会になりました。

身近な家族に大切なことを伝えるとき、へりくだっている場合ではなく、偉そうに話しても聞いてくれないだろうし、変なテクニックなども使いたくない――そこで目の前の息子にゆっくりと語りかけるように原稿を書きはじめたら、表現力が全開になり筆が止まらなくなったのです。

「自分が知っている大切なことを、大切な人へ伝える」というプロセスにおいて、自分のコアの価値観が見えてくるという、目から鱗の事実にも気づきました。

その本の出版からちょうど10年後、息子が晴れて社会人になったので、私から直接その本をプレゼントしました。そのときの息子の、ちょっと照れて嬉しそうな「ありがとう」の声が忘れられません。

一対多数でプレゼンをするときにも、一対一（One on One）を意識した「二人称プレゼン」が最も効果的に大勢に伝わります。

すでに気づいているかもしれませんが、**この本も、読者に一対一で話すように、二人称スタイルで書いています。**

そのために、文章にもいくつかの工夫をしていて、一文の長さを調整し、「一息で話せる」ように書いています。

どういうことかというと、人間は文章を読むとき、文字を目で追いながら、心の中で読んでいます。だから、一文が長いと疲れます。文章が上から下までつながった翻訳書などを読んでいて疲れるのは、それが原因だと思われます。

演劇の台本は、役者のセリフが書かれているので、呼吸とリズムを想定して一文が適切に調整されています。同じように「二人称プレゼン」では、聴き手をイメージしながら、言葉の長さを調整します。

一文を適切な長さで話すもう一つのメリットは、論旨がわかりやすくなり、言葉にリズムが生まれることです。

リズムで読ませる典型的な言葉は、世界最短の定型詩と言われる、俳句の五七五です。松尾芭蕉の、

「古池や　蛙飛びこむ　水の音」

は耳に心地よく響くといわれるリズムです。

「古い池に、カエルが飛び込んだら、水の音がした」

と事実を述べただけの言葉のリズムとは、明らかに違うのがわかりますでしょうか。

短くリズムがよい文章を話していけば、全体の話が長くなっても、聴き手はそれを長く感じないというマジックも起こせます。

また同じコンテンツでも、接続詞を使いすぎると、話が長いと感じられてしまいますので、ご注意を。

言葉を削ると伝わる

長い話は心に伝わらない。
人の心に残り、行動を促すのは
文章ではなく「キーワード」。

心躍るとき。

心打たれるとき。

心揺さぶられるとき。

心震えるとき。

心ときめくとき。

心に沁みるとき。

心に響くとき。

それはすべて、ダラダラと続く長い時間ではなく、シェイプアップされ凝縮された心の動き。

心に起こる一瞬の変化が、その後の長い時間の意味を変えます。

15秒か30秒で表現されるテレビCMは、その商品で得られる最高の輝きの瞬間を凝縮して描きます。

長い話は、心を動かす伝え方には相性がよくありません。特に日本語の場合、結論が最後に来るので、話が長いと頭が先に動いてしまい、心に伝わらなくなります。主語と述語が離れていたりすると、もはや理解することも放棄して、思考停止してしまいます。

芝居や映画のセリフを思いだしてみましょう。台本が手に入れば、ぜひ読んでみてください。そこに書かれているセリフは、一様に短いはずです。長台詞といわれるものでも、よく見てみると、短い一文がつながっているだけということがわかります。

心を動かす伝え方では、文章から考えるのではなく「キーワード」から考えます。

人の心に残り、行動を促すのは、文章ではなく「キーワード」です。

キーワードが主役、それを説明する前後の文章は脇役。そんな話が一番心に刺さります。

キーワードは、話し手と聴き手の心をつなぎます。記憶に残るキーワードが、プレゼン後の両者をつなぐのです。

いいプレゼンには、記憶に残るキーワードが必ずあります。

センスのいいキーワードに出会うと、聴き手はそれだけで「聴いてよかった」と感じることができます。

キーワードが決まると、話全体がすっきりします。余計な言葉が自然に削ぎ落とされ、本当に伝えたい言葉が残ります。そのとき初めて、一流の役者が話すような、セリフの「間」をとれるようになります。

余計な文章を削った余白に生まれる「間」は、聴き手の心とつながる「余韻」を生みだします。

パワーポイントを使う場合は、**スライド一枚にワンキーワードが基本です**。箇条書きの小さな文字の羅列はやめて、メッセージを絞った機能美が伝わるデザインを目指します。

すでに活躍しているプロ講師に依頼され、感動表現力の個人レッスンをしたときのこと。

それまで行っていたセミナーは、パワーポイントにすべてのコンテンツが、セミナーの順番どおり無駄なくまとめられていました。

個人レッスンでは、本当に伝えたいことをキーワードに結晶化し、パワーポイントの枚数を半分に減らしてもらいました。

レッスン後の講演会でさっそく実践した結果、大成功したと喜びの報告が来ました。

もともと表現力がある講師でもあり、完成度も高いコンテンツでしたが、言葉を結晶化し、スライドを減らしたことで、彼は「自由」を手にしました。

スライドを減らしたことで生まれた時間の余白に、気持ちと言葉が連動した感動スピーチが生まれたのです。

細かい手法の説明が省かれても、彼が本当に伝えたかった言葉と想いが、これまで以上に印象的に多くの人に伝わったそうです。

もし私にもっと時間があれば、
この手紙をもっと短くできるのだけれど。
（ゲーテが友人への手紙に書いた言葉）

スリーアクトマジック

伝わる話というのは、実は、
本人が意識していなくとも、
結果的に、
3のリズムになっていることが多い。

私は講演するとき、伝えたいことが伝わるように、「序破急」という3幕構成のアプローチを採用しています。「序破急」とは、今から600年前に世阿弥の秘伝書に書かれた、とっておきの技です。

「はじめのつかみ」
「場面転換してメインの話」
「クライマックス」

「世の中は、すべて3幕で動いている」と世阿弥は看破しています。

物事を行うときのリズムは、講演や芸能にかかわらず、表現力を高めるために重要でありながら、見過ごしがちな要素です。

自然界には一定のリズムがあり、日常にも時間のリズムがあります。

一日は、朝昼晩の3幕構成。

一生も、生まれて生きて死ぬ3幕。

恋愛も、出会って恋して結ばれるの3幕。


「起承転結」のような4幕構成は、現実の場面ではほとんど使われません。

ハリウッドのシナリオも、ほとんど3幕構成で書かれています。

また、3という数字はさまざまな場面でパワーをもたらすことも知られています。カメラは三脚が安定をもたらします。ベストスリーも3、金銀銅のメダルも3、毛利元就の三本の矢も3。


これを伝わる話し方に応用しましょう。

伝わる話し方で気をつけることは、コンテンツを多くしないこと。

何を話そうかと準備しているときに、まじめな人ほど、あれもこれもと多くしてしまい、かえって聞き手には伝わりにくくなります。

人が自然に理解できるのは、3つの項目です。2つでは物足りなく、4つでは少し多い。

実は、伝わる話というのは、本人が意識していなくとも、結果的に3のリズムになっていることが多いのです。


話す内容を決めるときのコツは、まずラストシーンをどのような終わり方にするかを決めること。


ラストシーンが素晴らしいほど、素晴らしいプレゼンになります。

テーマに最も適切なラストシーンを先に決め、すべてがそこへと流れていくように構成された話は、途中も、終了後も、印象に残ります。

ラストシーンが感動であふれたものであれば、スピーチ全体が感動的な余韻となり記憶に残ります。

ラストシーンを先に決めることは、最も伝えたいメッセージを先に決めることでもあります。
相手に体験してもらいたいハッピーエンドを起点に、ファーストシーン（＝話しはじめの話題）とメインシーンを決めていきます。
ビジネスプレゼン（社内外共）に応用する場合は、ストーリー展開に「？」「！」「～」の3のリズムを創ります。
「おや？」（問題点と原因の提示）
「まあ！」（解決策とハッピーエンドの未来の提示）
「へえ～」（なるほど～と思える証拠提示）

3幕の骨格が決まったら、それぞれを「思いがけなさ」の魔法を使って振れ幅を増幅し、ドラマティックに演出します。

「?」「!」「〜」の振れ幅が大きいほど、生みだされる感動が大きくなります。

「思いがけない問題点と原因の提示」
「思いがけない解決策と未来の提示」
「思いがけないけれど納得の証拠提示」

自然体が最強のポジション

参加者に媚びない。
必要以上に謙虚にならない。
話し手と聴き手の
「フラット」な関係性が、
最強のポジション。

人前で話すという行為は、誰しも最初は自信がないものです。私も初めはドキドキものでした。

初めて数千人の前で話したとき、気づいたことがあります。

それは、**根拠のある自信は必要ない**ということ。

過去の何かの成功体験が自信になっていたとしても、それを大きく上回る状況に遭遇すると、その自信はまったく役に立たなくなります。100人規模の講演でうまくいった自信で臨んでも、数千人というスケール感は、まったく違う状況だからです。

必要なのは、自分自身であるという自信。

そのためには、自分が「何が得意なプロなのか?」をはっきりさせることが出発点です。話し手側にこの軸がないまま、受け売りのどこかで聞いたような話をしても、何も伝わりません。

世間的な地位や立場が上の人の前で話すときも、まったく同じ原則になります。できる人ほど、自分とジャンルが違うプロの話は興味あるからです。

話し手としての最強のポジションとは、聴き手との「フラット」な関係性です。**大事なことは、参加者に媚びない、必要以上に謙虚にならないこと。**

特に日本人に多いのが、必要以上に謙虚に挨拶をする出だし。

「せんえつながら…」

「高い所からで恐縮ですが…」

「つまらない話ですが…」

慇懃無礼《いんぎんぶれい》という言葉もありますが、丁寧すぎるのはかえって失礼になり、お互いに時間の無駄です。

もちろん、友達言葉でフランクに話すのがいいという意味ではありません。あくまで敬語を基本に話します。タメ口の「フランク」ではなく、自然体という意味の「フラット」は、親しき仲にも礼儀ありのポジションです。

自分が何のプロとして、何を伝えたいのかを決め、自分の「軸」を持っていれば、上でも下でもないフラットなポジションをとることができます。

あなたが自然体で伝えられる価値は、どのようなものでしょうか？

苦労の末、うまくいったこと。

夢中になって取り組んだこと。

なぜかずっと得意だったこと。

悩みを解決したこと。

ピンチを克服したこと。

他人の受け売りを羅列した二次情報ではなく、自分が実際に体験した一次情報の中に、人の役に立つ価値の原石が埋もれています。

あなたがごく普通のことと思っていても、そのノウハウを必要としている人が世の中にたくさんいる可能性があります。

私の場合は、演劇で磨いた表現力は、芝居で最高の演技をするためのものでしたが、それを言語化し体系化したことから、人の役に立つ仕事の軸につながっていきました。

自分が伝えられる価値の原石を磨き、ノウハウとして体系化するためには、**机の上で考えているだけではなく、人に話すことが、想像以上に役に立ちます。**

すごいアイデアがヒラメクときというのは、人と会話していたときが多いことを知っているでしょうか?

会話というアウトプットは、上質なインプットを引き寄せるのです。

空気を読まずに空気を創る

スピーチ開始から数分の間は、下りのエスカレーターを駆け上るくらいの気持ちで話しながら空気を創る。

日本ではよく、「空気を読む」のがよいこととして評価される風潮があります。確かに、場の雰囲気を壊す無神経な人は遠慮したいですが、人前で話す場合は、少し工夫が必要です。

空気を読みすぎて、萎縮してしまう人をよく見かけるからです。

話しはじめは、会場も聴く姿勢になっていないので、会場の空気が固いのは当たり前と知っていないと、そこで緊張が増してしまいます。

話し上手な人はそれを知っていますから、最初からフラットにマイペースで話しはじめ、徐々に会場をつかんでいきます。

どんな有能な話し手でも、話し手の声や存在が会場になじむのに、ある程度の時間がかかるものです。

空気は読むものではなく、自分で創るもの。

芝居は、最初の5分で、演者と観客のパワーバランスが決まります。この時間帯に、客席の空気を読み、観客の反応を気にしている暇はありません。

全力をあげて届けたい世界を表現し、舞台という「バーチャルな空間（嘘）」を、ここは「リアルな空間（本当）」であるという暗黙の了解を観客と共有しなければなりません。

あるレストランの店長は、スタッフに言いました。

店長「レストランに来るお客様は皆、基本的に不機嫌な顔でいらっしゃる。なぜだかわかるか？」

スタッフ「?・?・?・」
店長「お腹がすいているからだ。それに反応して表情を硬くするのではなく、こちらから笑顔になってお迎えしよう」

人前で話をする場合にも、空気を創るためには、開始から数分の間は、相手の反応を気にしすぎないようにするのが鉄則です。

下りのエスカレーターを駆け上るくらいの気持ちで話します。

どこかの時点で、エスカレーターが上りに変わる瞬間がくるのを楽しみに。誰かがうなずいたり、共感の笑顔を見せてくれたりしたときが、その切り替わりのタイミングです。

経験を積んだ話し手になると、場の空気感がサッと変わる瞬間が体感でわかります。実際、部屋の温度が上がったりするから驚きます。

エレガントに実績を伝える話し方

自分の能力や実績や業績を
伝えることが苦手な人は、
いいものを持っていても、
誰にも気づかれず活用されない。

自分の能力や実績や業績を活かすには、必要としているお客様のために、さまざまな機会に、しっかりと伝えておく必要があります。ここが苦手な人は、せっかくいいものを持っていても、誰にも気づかれず活用されない、というもったいないことが起こります。

ただし露骨な自慢と思われないように、あくまでエレガントにさりげなく表現するセンスと技術が必要となります。

日常も自己表現の場ですから、SNSの投稿なども自分をプレゼンする機会となります。

たとえば私が先日フェイスブックで行った例。

世界的ベストセラー『7つの習慣』の著者、スティーブン・R・コヴィー博士の目の前でスピーチをした、という実績を伝えたいとします。

そのまま書くと、単なる自慢に聞こえてしまいます。そこで私は、実績や業績を「他のトピックに交えて伝える」という方法を使いました。そのスピーチの席で会った方と、久しぶりに再会したという話題に交えて、次のように書きました。

「コヴィー博士来日時に、私が博士の前でスピーチをした席でお会いして以来の、久しぶりの再会でした」

その記事を読んだ方は、メインの話題ではないけれど、私の実績を間接的に知ることになります。

直接的ではなく、間接的に柔らかく表現することを、映画や演劇で「婉曲的表現」と言います。登場人物の名前を観客に知らせたいとき、「私は〜です」と自分で名乗ると不自然になりますので、他のキャストが名前を呼ぶなどして、間接的に観客にわからせる手法が、さりげなく使われます。

比喩表現や言い回しを変えるなど、言葉そのものを変化させることもあります。「死んだ」という直接的な言葉を、「他界された」「天に召された」「星になった」という婉曲的表現に変換することで、より悲しさが伝わることもあります。

今使った、「伝わることもあります」は婉曲的表現になります。あえて「伝わる」という断定的表現にしなかったのは、直接的な表現のほうが伝わる状況や文脈もあるからです。

婉曲的表現は、センスある言葉のストックを多く持つことで、豊かな表現が可能になります。

「感動した」も同じく、「心打たれた」や「琴線に触れた」などの言葉のバリエーションを増やすことで、豊かな表現ができるようになります。

ちなみに、コヴィー博士の前で私が行ったショートスピーチは次のようなものでした。伝えたいことを、直接的表現と婉曲的表現を織り交ぜて伝えています。

こんにちは。平野秀典と申します。

感動プロデューサーという仕事をしています。

感動プロデューサーとは、「感動を生みだす人を生みだす」という仕事です。

もともとは、演劇の役者をしていたとき、観客に感動を届けることが大好きで活動していたのですが、あるとき、自分が演じている舞台だけでは感動を生みだせる機会はたかが知れていると気づきました。

そこで演劇で培ったノウハウを活かし、「ビジネスの世界で感動を生み

だす人を生みだす」という仕事をすることにしました。

感動を生みだす人は、その存在自体が感動的です。

感情的な人は嫌われますが、感動的な人にはファンができます。

感情的な人の話は聞きたくないですが、感動的な人の話はずっと聞いていたくなります（会場笑）。

私が13年前に出会ったある著作が、まさにそんなずっと読んでいたくなる感動的な本だったのです。

それは、『7つの習慣』という作品ですが、皆さまご存じですか？（会場爆笑）

私はこの素晴らしい作品から、「原則」の重要性を学びました。

そして私の最大の学びは、「最も大切なことは、最も大切なことを最も大切にすること」という原則でした。

私にとって最も大切であった「人を感動させること」を最も大切にし

ていたら、いつしかそれが私の仕事になっていました。

日本語で感謝を表す言葉に、「恩返し」というものがあります。

また、人からいただいた恩を、その人ではなく、周りの他の人に送っていくことを、日本では「恩贈り」といいます。

コヴィー博士からの学びをたくさんの人に贈っていくことが、これからの私にできる恩返しになります。

本当にありがとうございました。

Scene 4

Focus

ツナガル技術

お客様を
一期一会の共演者と思えたら、
サービスのやり方も、
笑顔の質も、アプローチも、
文字どおり「劇的」に変わる。

手紙　高度1万メートルの涙

雲間から現れたJTA562便の白い機体が、
宮古空港に到着したその瞬間、
空港の待合室全体に盛大な拍手が沸き起こった。

沖縄本島の離島、宮古島に
家族と夏のバカンス旅行に行っていた私は、
帰宅日の間際に、大型で強い勢力を持つ
台風8号の直撃を受けていた。

私たちが帰る前日から、

ほとんどの飛行機の便が欠航し、
当日も、午前と午後の便のほとんどが欠航予定。

しかし、不思議なことに、
私たちが乗る午後一番の13時30分発の便だけは、
前日からなぜか出発予定になっていた。

キツネにつままれたような感覚でホテルをチェックアウトし、
幸運の女神に感謝しつつ、手荷物検査を通過し待合室へ。
ホッとしながら、家族と出発を待っていると、
ふいに空港からのアナウンス。
「到着予定の機材が上空天候悪化のため、
着陸できずにおります。

着陸できない場合、欠航になりますので、
予《あらかじ》めご了承ください」

一転して、私の心は天国から地獄へ垂直落下。

同じように他のお客さんたちも、
窓際で空を見上げ、沖縄からやってくる
機材（飛行機）を祈るように待ち続けていた。
その姿はまるで、漂流して到着した無人島で、
救助の飛行機を待つ遭難者。
出発時間5分前になり、
いよいよあきらめかけたそのとき、
窓のほうから歓声が！

1時間ほどの上空旋回を試みていた飛行機が、
見事雲の合い間をぬって宮古空港に着陸したのです。
JTA562便は、30分遅れで、
無事宮古空港を離陸しました。

そして、本当のドラマは、
この後の機内で待っていたのでした。

離陸してしばらくした頃、
緊張からの解放と疲れで
ぐったりとしていた乗客たちに向けて、
機長から機内アナウンスが始まりました。

「本日は、悪天候のため、出発が遅れまして、
大変ご迷惑をお掛けしました。
心からお詫び申し上げます」

いつもの型どおりの挨拶が済んだ後、
機長がさらに話しはじめました。

「飛行機が遅れたうえに、
誠に個人的なお話で大変恐縮なのですが、
実は、今回のフライトを担当いたしております
客室乗務員のTが、本便を最後に退職いたします。
Tとは、同期として入社し、
共に歩んできた仲間でございます。

彼女は、上司に恵まれ、仲間にも恵まれ、
一生懸命仕事に取り組んで参りました。
最終の便をご一緒させていただきましたご縁に甘えて、
皆様に一言ご報告させていただきます。
ありがとうございました」

数秒の間をおいて、
機内に小さな拍手の音が響いた。
はじめは、遠慮がちな疎らな拍手が、
やがて機内全体へ広がっていった。

前日からの不安と緊張で疲れていた乗客たちでしたが、
このアナウンスで、私と同じように多くの人が、あることに気づいたことでしょう。

Tさんの最後のフライトを飾ってあげたいという機長の想いが、
上空を何度も旋回し、あきらめずに雲の合い間を抜けて
着陸させたのだろうということを。

飛行機は、皆の想いを乗せて、
順調な飛行で無事沖縄に到着後、
客室乗務員のTさん本人が
普段どおりの到着のアナウンスをし、
最後に簡単な挨拶をされました。

「機長からお話しいただいたTでございます。

これまでの一便一便、心を込めて搭乗させていただきました。
本日この便をもちまして、JTAを卒業させていただきます。
皆様が私の客室乗務員としての最後のお客様となりました。
本当にありがとうございました」

その挨拶の声と言葉は、短いながらも、
一言一言に心からの想いがこもった、
それは素晴らしいスピーチでした。

聞いていた私は、
不意に涙があふれてきて、困りました。

宮古島と沖縄を感動で結んだ

JTA562便の機長とTさんに、
乗客たちは、思いがけない素敵な空の旅を
プレゼントしていただきました。

共演でツナガル

ビジネスシーンで
感動が生まれるときは、
「お客様も共演者」という
関係性のときが圧倒的に多い。

不安と緊張で疲れ切ったフライトが感動のフライトに変わった、私自身が実際に体験した感動のエピソードです。

機内全体に拍手が広がったときは、まるで映画のワンシーンを観ているようでした。映画との最大の違いは、私たち家族もそのシーンの中にいたことですが。

機長が乗客にこのような話をする必要性やマニュアルは、もちろんありません。しかし、機長がシェアしてくれたことで、**乗客とクルーの心がつながり、皆が感動のドラマの共演者になった**のです。

共演者とは、通常ドラマを創る俳優たちのことをいいますが、高度1万メートルの上空で生まれたこのドラマでは、機内にいた全員が共演者になっていました。

実は、ビジネスシーンで感動が生まれるときも同様で、「お客様も共演者」という関係性が圧倒的に多いのです。

お客様を一期一会の共演者と思えたら、サービスのやり方も、笑顔の質も、アプローチも、文字どおり「劇的」に変わります。共演者になったお客様は、リピーターになり、口コミをしてくれるファンにもなってくれる可能性が高まります。

実際に、感動した私は、このエピソードをたくさんの企業講演で、無料で「口コミ」をしています。

私たちは、無意識でフォーカスするものを決めていて、何度も繰り返すうちに習慣や癖やパターンになっていきます。それは、モノの見方だったり、価値観の順位だったり、選択の基準だったり。

そもそもフォーカスすると、どういう現象が起こるのでしょうか?

レンズで太陽の光を集めると、焦点を絞ったところへパワーが集中し、紙を燃やすほどの強いインパクトが生じます。人が持つフォーカス力も、同じく強い力を持っています。

それは、誰でも持っているすごい能力なのですが、間違ったものにフォーカスしていてもパワーが注がれ、実現してしまいます。

正しくても間違っていても、焦点どおりの結果を出すことに、見事に成功しているのです。

望む結果を実現させるために重要なのは、フォーカスすることよりも、フォーカスしているものに気づき、適切なものに整えることです。

「私売る人、あなた買う人」から
「私もあなたもドラマの共演者」へと
フォーカスを整えることで、
関係性が劇的に変わる。

売る側と買う側という二項対立的なステレオタイプの発想を捨て去ることから、信頼でつながる新しい関係性が始まります。

共感と好奇心でツナガル

媚びるのでも偉ぶるのでもなく、
オープンマインドで
その場の空気を開き、ツナガル。

講演やセミナー、プレゼンなどの一対多のコミュニケーション場面で**聴衆と心がつながる秘訣は、「共感と好奇心」です。**

話しはじめで最も大切なことは、相手と共感でつながれるかどうか。どこかで聞いたことのある「つかみネタ」などは、かえって逆効果になるので注意が必要です。

聴き手に共感してもらう第一の秘訣は、**話し手のマインドと姿勢がオープンになっているか**どうか。

媚びるのでも偉ぶるのでもなく、オープンマインドで相対します。

先に自分が心を開くことで、会場の空気を開きます。

そして、「共感の材料」を淡々と提供していきます。

この段階のことを映画製作では、「セットアップ」と呼びます。

どんな状況で、どんな話が始まるのか？　登場人物はどんな人なのか？

など、その舞台の設定情報をさりげなく紹介する段階です。

「ああ、この人の話は聴いてみたいなあ」

「確かにそうだなあ」

「なるほどね〜」

そんな雰囲気を醸しだせれば、セットアップは完了です。


演劇の舞台で俳優が使う自己開示ノウハウがあります。

それは、**手の平を相手に見せる**という方法です。

小道具を使うとき、手で何かを表現するとき、自然に手の平を相手に向けるようにしています。

手の平を見せるということは、私はオープンですという意思表示になります。

プレゼン開始の段階で、自然に手を動かしながら、さりげなく手の平を会場に向けるのです。繰り返しますが、自然さとさりげなさを忘れずに。この表現法は、ぜひ覚えておいてください。お客様にカタログのページを示すときや、お客様を案内するときの手の使い方など、手を使うすべての表現に応用できます。

自分自身の体験談や失敗談なども、共感を誘う材料になります。自分が実際に体験したエピソードをもとに、そこから学んだ「教訓や気づき」でまとめます。

さて、人間は変化を好むバラエティ欲求も持っていますので、共感でつながるだけでは、残念ながら飽きられてしまいます。心がつながった後は、自分の専門領域というメインシーンへ参加者をアテンドする必要があります。

そこで重要な要素は、「好奇心」。コース料理でいえば、メインディッシュへのワクワクした期待感を感じさせる、美味しい前菜の役目です。

ここで有効なのは、好奇心を刺激する質問や問題提起、意外性のある視点の投げかけ、ちょっとした目から鱗の話といったトピックです。

「あれ？　この一連の仕掛けは、相手をコントロールする操作系ではないの？」と思ったあなた、そのとおりです。インスパイアへ導くための、センスが光る洗練された操作系は必要なのです。

後で知られても「なるほど！」と納得、共鳴、リスペクトされるレベルまで練習と実践を繰り返し、洗練させることを目標にしてください。

言行一致でツナガル

ソーシャルネットワーク時代には、一貫性のある言行一致こそが「信頼」という価値を生みだす。

タクシーに乗って、「そこの角を右に左折してください」と言ったら、運転手さんはかなり戸惑うでしょう。これは心理学用語で「ダブルバインド」といいます。相反する指示を同時に受ける状態のことです。

日常の仕事の現場でも、これと似た状況が頻繁に起こっているのを、ご存じでしょうか？　たとえば、お客様満足を標榜する会社の営業会議などで、よくある風景です。


「顧客を囲い込むための戦略を考えよう」

「どうすればその客を落とせるのか？」

「ローラー作戦で攻略しよう！」

そして最後に、「顧客満足が当社の理念です」

どこがおかしいか、お気づきになりましたか？
お客様に対して、「戦争用語」乱発の会議になっています。
お客様と戦って、いったい何を得たいのでしょうか？

売り上げ？　マーケットシェア？　データ？

心の時代といわれる21世紀。関係性こそが重要とされるソーシャルネットワークの時代に求められるものは、たった一つ。言行一致で生まれる「信頼」という価値です。

100の立派なことを言う人より、1の大切なことを実践する人が、人を幸福にします。

そろそろ、戦略、戦術、戦力という戦争メタファーから卒業するときがきています。
分離を生みだす「戦争用語」から、信頼を生みだす「演劇用語」へ。

戦略の代わりにシナリオ。
戦術の代わりに演出。
戦力の代わりに表現力。

もはやただのスローガンと化し、心がワクワクしない「顧客満足」の代わりに、ハッピーエンドを生みだす「顧客幸福」はいかがでしょうか？関係性を重視する時代には、人が幸せになるお手伝い業、人を喜ばせるエンタテインメント型ビジネスがメインストリームになります。それこそが、ＡＩ（人工知能）との棲み分けが可能な人間の領域。

コミュニケーションにおいても、言行一致は重要な要素です。

言っていることと動作や表情が一致していること。

言っていることを実践している
自信が伝わること。
言っていることと気持ちが
連動していること。

実践が伴わず、言行不一致になりやすい情報社会で、言行一致の一貫性のある行動を実践することは、それだけで、つながりと信頼を生みだす卓越した技術になります。

快の感情でツナガル

声を出すこと、歩くこと、
笑うこと、愛すること……
人はもともと持っている機能を使うと、
「快感」を感じる。

数年ぶりの芝居出演のため、舞台に立ったときのこと。「感動プロデューサー」という通常の仕事の肩書きを脇に置き、久しぶりに役者を体験し、たくさんの得るものがありました。

稽古中に、セリフや動作が適切に演出されることで、役者のエネルギーが上がり輝きを放つのを見るとき、人が持つ表現力の可能性をあらためて認識することができました。

言われたことをすぐに行動に移す役者は、短期間で伸びます。演出家からダメ出しがあると、すぐに違うバージョンを試せる人と、狭い表現パターンから抜けだせない人の2タイプに分かれます。

前者は後者の数倍のエネルギーを発し、魅力的な表現を次々と手にしていきます。

表現エネルギーは、誰もが標準装備で持ち合わせています。

幼い頃に、周りの大人を幸せにし、感動させていた〝源のエネルギー〟だから。

人を動かす怪しいテクニックや、複雑な心理ノウハウを学ぶより先に、〝源のエネルギー〟に触れて使いこなすほうが、圧倒的に幸せな結果を生みだすことができることに気づきましょう。

ただしそのエネルギーは、久しく使っていない人が大半です。錆びついていたり出力低下したりしているので、磨き直し、充電する必要があります。

表情一つとってみても、表現力は退化しています。

あなたは、自分の表情を何種類自覚していますか？

笑った顔で数種類？

普通の顔とすました顔？

怒った顔？（鏡で見ないからわからない？）

せいぜい一桁のはずです。

プロの役者は、少なくとも数十種類の表情を自覚しています。それは特別な人の才能ではなく、意識して訓練すれば誰でもできる技術です。

会って最初に目が行くのは表情であることは、誰でも知っているはずなのに。魅力的な表情をつくることをせずに、髪型やファッションに気をつかっても、マネキンのような生命感がない存在になるだけです。

表情は筋肉でつくられています。本来は57種類の表情筋を動かしながら、さまざまな表情を生みだせる才能が誰にでもあります。ほとんどの人はその才能を使っていませんが。

表情というシンプルな表現力を使って、人は人とつながることができるのです。

表情筋を使うこと以外にも、声を出すこと、歩くこと、笑うこと、愛することなど、**人はもともと持っている機能を使うと、「快感」を感じます。**ドイツの心理学者カール・ビューラーは、その快感を「機能快」と呼びました。

カラオケなどで思い切り表現すると、何とも言えない爽快感を感じるのも、機能快の存在を証明しています。プロの表現者は機能快の感動を体で知っているので、地道なレッスンも長く継続できるのです。

観客が感動しているときもやはり、もともと持っている心の機能を使っています。

演じる側も観客も感動を共有するとき、そこには一体感という「機能快の相乗効果」が生まれていて、記憶に残る感動体験になっているのだと思います。

101%でツナガル

日々、1%アップデートを
重ねていくこと。
それが信頼を生みだす
最高の技術となり、
後の大きな変化につながる。

企業向けの講演では、担当部署や責任者が依頼をしてきますので、参加する方々が、私が話す内容を事前に知っているケースは多くありません。したがって、感動が生まれやすい環境にあります。

「え、知らないほうが感動しやすい？」

そうです。その理由は、感動のメカニズムを知ると簡単に謎が解けます。「感動の方程式™」と私が名づけた、演劇とビジネスの経験から発見したオリジナルな法則です。次のページをご覧ください。

感動の方程式は、感情と価値が生まれるメカニズムです。

まったく同じ商品の価値が、期待値と実感値の関係性によって変わってくることを表しています。

感動の方程式

期待	⋘	実感	→	感謝
期待	≪	実感	→	感激
期待	<	実感	→	感動
期待	＝	実感	→	満足
期待	>	実感	→	不満
期待	≫	実感	→	怒り

先ほどの例でいえば、私の講演内容を知らない人は、それほど期待値が高くないので、期待を上回る実感を提供しやすくなります。「意外によかった」や「思いがけなく参考になった」などのサプライズ的な感動が生まれます。

では、コンテンツを知っている人、前に講演を聴いた人は感動しないのでしょうか？

知っているからこそ、「前に同じことを聞いたのに、今回は違う気づきがあった」という意外性を伴った感動が生まれます。

コンピュータやロボットと違い、人間は日々体験や感情がアップデートされます。1年後に再び講演を聞いたときには、1年前にはなかった新たな体験や感動、感性が加わっています。

好きな歌手の楽曲を何度も聴いたり、数年ぶりに映画を観て「こんないいシーンがあったんだ」とか、前には気にならなかったセリフが心をとらえたりするのも、同じメカニズムです。

しかも私は、日々101％の進化をモットーにしていますので、講演内容も一度として同じコンテンツはありません。

コアとなるメッセージは変わりませんが、伝え方や言葉の選び方やメタファーを、必ず1％進化させることを、自分に約束しています。

イチロー選手も言っています。

とんでもない所へ行くただ一つの道は、小さなことを積み重ねるだけ。

大きな変化は必要ありません。

日々1％のアップデートが、信頼を生みだす最高の技術になります。
その小さな変化の積み重ねが、後の大きな変化（イノベーションやブレイクスルー）につながります。

お客様にリピートしていただきたかったら、期待値を一回だけ大きく超える実感値ではなく、101％のプラスαの継続した実践のほうが、結果的に感動は大きくなります。

小さな親切。
ほんの少しの心遣い。
心を込めた一工夫。
ひと味違うサービス。
一枚上手の振る舞い。
もうひと手間加える心意気。

1・01の365乗＝約38倍
0・99の365乗＝約0・03

わずか0・02の違いが、積み重なると圧倒的な差を生みだすことを覚えておきましょう。

150%の気まぐれよりも、
101%の継続した一貫性が、
信頼と感動を生みだす。

間と余韻でツナガル

伝えたい想いが強いと、
あれもこれも伝えたくなる。
その結果、内容が多すぎたり、
早口で話したりして、
かえって伝わらなくなる。

読んでわかる言葉より、聴いてわかる言葉が人の心に届きます。

目で見れば理解できるが、耳で聴くと「?」な言葉があります。


「約100人」

「およそ100人」


それぞれ、声に出して読んでみてください。

耳で聴いたときに、どちらがわかりやすいでしょうか?

話す言葉は、耳で聴くことを前提に言葉を選び、メリハリをつけながら、シナリオを創ります。


けっこう早口で話していても、話を聴きやすい人がいます。

その人はきっと、難しい言葉を使わず、小学生でもわかる言葉やたとえ話（メタファー）で表現しているか、「間」を絶妙にとっているか、その両方を実践しています。

一流の落語家の「間」と「余韻」は、ホレボレするほど人を惹きつける引力を有しています。

落語家は、パワーポイントも使わなければ、資料もテキストも使いません。座ったまま、表情と手の動きだけで、人を笑わせ感動させます。しかも、何度でも同じ話を聴きたくなるという、世界でも類を見ないプレゼンの芸術です。

では、「間」で人とつながるための初歩のレッスンをどうぞ。

文章の区切りで使われる「、」で、「1秒の間」をとります。
文章の終わりで使われる「。」で、「2秒の間」をとります。

この本を読むときにも、ぜひやってみてください。

「、」と「。」の間以外は、一気に続けて読みます。

このレッスンを繰り返すと、間のとり方のコツをつかめて、話し方が変わります。「、」と「。」で表現される間の空白に、心と心をつなぐ引力が発生することを体感してみてください。

人は、伝えたい想いが強いと、あれもこれも伝えたくなり、早口で一方的になりがちで、かえって伝わらなくなります。

俳句や詩のように、余分な言葉を削ぎ落とした余白に、心がつながるパワーが宿ります。間と余韻は、ツナガル共感力の第一歩ですが、一流になっても磨き続ける本質的に奥の深い極意の一つなのです。

声でツナガル

発声や滑舌が悪いと、
どんなにいい内容でも、
相手に届かない。
練習して、
ハートに伝わる声をつくる。

講演出張に行く飛行機で体験した、機長からの機内アナウンス。

「それでは、狭い機内でヒンシュクですが、快適な空の旅をお楽しみください」

確かに狭い座席ではあるが、「ヒンシュク」とまでは思っていないけどなあ……いや待てよ、これは乗客の気持ちに寄り添う新しいサービスか？などと、いろいろ考えをめぐらせていたら、ひらめきました。機長は、ヒンシュクではなく、キョウシュク（恐縮）と言ったのだと。

どんなにいい話をしていても、それが相手に伝わっていなければ価値がありません。内容や伝え方以外に発声や滑舌が悪いと、そんなもったいないことが起こってしまいます。

滑舌は、コツにフォーカスして訓練すれば、誰でも上達できます。
次の言葉を順に声を出して読んでみてください。

あいうえお、いうえおあ、うえおあい、えおあいう、おあいうえ。
かきくけこ、きくけこか、くけこかき、けこかきく、こかきくけ。
さしすせそ、しすせそさ、すせそさし、せそさしす、そさしすせ。
（以下濁音まで同様に続く）

五十音を一文字ずつずらしてループさせる滑舌のレッスンです。濁音も含めた五十音すべてのレッスンを続ければ、数週間で滑舌はよくなります。実践しない人には、結果は一ミリも出ませんが。

ツナガルためにもう一つ大事なのは、**「声」の質**。

声がいい悪い、声が大きい小さいではなく、「相手にツナガル声質」になっているかどうか。

声は、響かせる体の場所によって音色が変わります。頭のてっぺんから上へ響かせれば、家電通販で一世を風靡したあの社長の声になります。のどに響かせる（ほとんどの人はこれ）と、のど声になります。のど声で長く話していると、声が嗄《か》れます。

腹に響かせると、オペラ調の太く低い声になりますが、聴きやすい声ではありません。

自分の一番いい声を出したいなら、ハートに響かせて発声します。

胸に手を当てて、声が響いているのを感じながら、ハート発声の感覚をつかんでください。

ハートから出た声は、共鳴共振作用で相手のハートに届きやすくなり、「ツナガル声」になります。

Scene
5

Thanks
ツクル技術

他人を演じるのは
プロの俳優に任せよう。
あなたには、
あなた自身という、
最高のキャストを演じる
責任がある。

手紙

父に捧げる世界に一つだけのギフト

「この商品のターゲット」――開発用語では、
このような失礼な言い方をしていますが、
ぜひこの商品を使っていただきたい方々を最初に決めました。
「子どもも独立、仕事も落ち着き、
これからゆっくり自分たちの時間を楽しめる夫婦」と。
ちょうどこのようなタイミングにさしかかったとき、
あなたは病気に倒れ、
そのまま私たち家族の前から消えてしまいました。

これから思う存分、
自分の好きな時間を過ごしてほしかった。

開発チームの中では、
先ほど言ったような方々をイメージして
ものづくりを行ってきましたが、
私が心に描いていたお客様は、
お父さん、あなたひとりです。

私の心の中には、
永遠に年をとることのない
60歳のあなたがいます。
2年半という長い年月と、

30名の開発チームみんなの力を借りて、
今、ぜひあなたに使ってほしい、
世界に一つだけの作品ができあがりました。

仕事から帰ってきては、
居間に置いてあるマッサージチェアで
眠るように疲れを癒やしていたあなたのために、
新型のお風呂をプレゼントします。

ゆったりと眠るように浸かっていれば、
足の裏をマッサージしてくれる
世界一気持ちのいい浴槽です。

足の裏には全身のツボが集約されていて、
そこを毎日刺激することで、
体調の維持管理ができるのです。

いつまでも若さを保っている、
元気なあなたが、見たかったです。

あなたと同じモノをつくるという仕事についてから、
ようやくあなたの日々の苦労がわかるようになりました。

橋の設計をしていたあなたは、
一度一緒にお風呂に入ったとき
話してくれました。

「橋は人の命を預かっている。
もし橋が落ちたら人は死んでしまう。
どんなことがあっても
橋は落ちるわけにはいかないんだ」と。

安全ということには
人一倍神経をすり減らしていたあなたに、
今度は私から、世界一安全なフロアをプレゼントします。
特殊な性質を持った
とても滑りにくい魔法のフロアです。
少し足腰が弱ってきたと不安をこぼしていたあなたも、
これで安心して入浴ができます。

京都の冬は本当に寒かったですね。
いつもラクダのシャツとパッチを穿《は》いていた
寒がりのあなたのために、
世界一断熱性の高い壁をつくりました。

自分の体より母の体調を
いつも気遣っていたあなたのために、
掃除を楽にするアイデアをたくさん盛り込みました。

汚れにくいお風呂になっていますから、
後の掃除のことは気にしないで
ゆっくり入ってください。
母も喜んでくれると思います。

あなたのために考えたアイデアは、
まだまだたくさんあります。

そしてこれらのアイデアのもとは、
世界中どこを探してもありませんでした。
だから30名の仲間の知恵と根性で創り上げたのです。

その結果、あなたのために創ったこのお風呂は、
世界中どこを探してもない、
世界に一つだけのお風呂になりました。

あと10年早ければ、

あなたに使ってもらえたのですが。

残念ながら、
実際に使っていただくことはできませんでしたが、
できあがった商品をあなたに見てもらいたくて、
新商品の発表展示会は、
実家のある京都に行くことにしました。

酒でもゆっくり飲みながら、感想を聞かせてください。
そのときを楽しみにしています。

あなたの息子より

あなたにしか贈れないギフトは何？

売り手の価値観と
顧客の価値観をリンクさせる鍵は、
「ＷＨＡＴ」よりも
「ＷＨＹ」を示すこと。

ある企業の新商品プロジェクトに、コンサルタントとして関わっていたときのこと。販売促進のための最初の打ち合わせ会議のやり方を、私の提案で次のように変えました。

資料を使った商品の特徴説明でなく、開発したスタッフの「想い」をストーリーにして、セールスレターの形で書いてくるようにと。


会議の当日、会議室には10人ほどのスタッフが集まっていました。宣伝担当者、営業推進担当者、開発スタッフ、そして私。

開発スタッフ全員がそれぞれ、想いのこもったセールスレターを書いてきてくれました。

今度の商品は、自分の4歳の子どもをイメージして、使いやすい究極のパーツを創ったこと。友人や両親に胸を張って自慢したい作品になったことなど、素敵なオリジナルエピソードが、次々と飛びだしてきました。

3人目に、今回の開発の責任者が、自分が書いたレターを私に手渡しながら、そのレターを私に読んでもらえないかと言うのです。自分で読むと涙が出てしまうので、ということでした。

それが「父に捧げる世界に一つだけのギフト」でした。

開発責任者の心を揺さぶる「想い」を聞いて、その場にいた全員が感動し涙しました。

商品開発のプロセスを、親への深い感謝に置き換えたこのエピソードは、現代のものづくりに忘れられた大切な何かを教えてくれます。

その後このレターは全国の営業所へシェアされ、それぞれの場所でそれぞれの大切な人へ向けて書かれた、感動のセールスレターが続々と誕生しました。

当時のこの新商品は、安売りのためにコスト重視であった業界の常識を破り、顧客重視の商品競争へと、業界の標準が変わる大きな役割を果たすことになりました。

私たちが体験する素晴らしい商品やサービスや発明は、誰かの純粋な「想い」から創られたものです。

空を飛びたいという想い。

遠くにいる孫と話したいという想い。

美しくなりたいという想い。

強く純粋な想いは、商品やサービスに結晶化し、たくさんの人の心に共振・共鳴しながら「感動」というギフトに昇華していきます。

ビジネスとは、売り手の価値観と顧客の価値観をリンクさせるコミュニ

ケーションです。

お互いの価値観が重なる面積が増えれば増えるほど、そのビジネスは世界に幸せを生みだし、成功していきます。

リンクする面積を増やすには、**「何を贈るか（WHAT）」の前に「なぜ贈るか（WHY）」を示すことが重要な鍵になります。**

アメリカのコンサルタント、サイモン・シネックは、著書『WHYから始めよ！』の中で、アップルの事例を使いながらわかりやすく教えています。

アップルがつくっているもの（WHAT）の説明から始め、ライバル社との違いを述べて購入してもらいたいとすれば、こんな感じになると思われるメッセージ。

我々は、素晴らしいコンピュータをつくっています。
美しいデザイン、シンプルな操作性、取り扱いも簡単。
一台いかがです？

次は、実際にアップルが行っていた、ＷＨＹ（Think Different）を重視したメッセージ。

現状に挑戦し、他者とは違う考え方をする。
それが私たちの信条です。製品を美しくデザインし、
操作法をシンプルにし、取り扱いを簡単にすることで、
私たちは現状に挑戦しています。
その結果、素晴らしいコンピュータが誕生しました。
一台いかがです？

2つのメッセージの違いがわかるでしょうか？

目的、理念、大義から始まるWHYメッセージは、あなたと顧客の価値観をつなぐ共鳴ポイントを創造します。

あなたが贈りたいギフトは、どんなWHY（想い）から創造される作品なのでしょうか。

勇気か？　夢か？　感動か？　理想か？　あきらめない意志か？

挑戦する勇気か？　愛か？　美しさか？　調和か？

世界を変えるインパクトか？　違いを生みだす意志か？

本書全体が、それを見つけるガイドになるように、各シーンのタイトルは、次のようになっています。

シーン2「Gap　そこにドラマはあるか」
シーン3「Impact　ツタワル技術」
シーン4「Focus　ツナガル技術」
シーン5「Thanks　ツクル技術」

各シーンの英語のアルファベットの
頭文字を、つなげてください。
「GIFT（贈り物）」になっています。

この本自体が、あなたへの贈り物として創造されました。
GIFTには、「贈り物」のほかに、「天から与えられた才能」という意味もあります。

あなたが誰かのために贈る言葉は、
あなたの才能と出会うための
導きにもなっている。

創造のデータベースにアクセスする

自分のコアの価値観やテーマは、
自分が誰かにもらって
嬉しかったことや、
感動したものが
ベースになっている。

世の中に価値を生みだすための、自分のコアの価値観やテーマは、自分がいつか誰かにもらって嬉しかったことや感動したことがベースになっています。

それは、創造のデータベースとなる「恩」と呼ばれる感謝の記憶。もらった恩を、もらった人に返すことを「恩返し」、もらった恩を、自分を通して誰かへ贈ることを「恩送り」といいます。

江戸時代の日本人は、「恩送り」を日常的に行っていたようです。日本人がその素晴らしい文化を使わなくなってしまったため、残念ながら、日本語の辞書からその言葉は消えてしまいました。

この素晴らしい言葉と文化を、私たちの世代で未来へ継承するために、もらった恩を「そのまま送る」だけでなく、自分という存在を使い、「ひと味の愛と価値を加えてＧＩＦＴとして贈る」という意味を込めて、「恩贈り」という言葉に進化させて伝えていきたいと思います。

ドラマメソッドのストーリーテリングの技術でいえば、もらった恩は「伏線」になり、恩贈りは「回収」となります。

映画や演劇の脚本家は緻密に計算しながら、伏線になる出来事を途中にさりげなく挿入し、後に回収しながらドラマを創っていきます。


人生というドラマでは、自分が脚本家だと気づいていない人が多いので、そのつながりを活かせる人がなかなかいません。

ドラマメソッドを知ったあなたは、創造性の重要なデータベースである「恩」に、いつでもアクセスすることができます。

自分のこれまでの人生でもらった感謝の記憶を、想像力をフルに使って、一つのシーンとして思いだしましょう。

シーンとは、時と場所、季節、そこにいた人、香り、感触が総合されたもの。あなたのいまの価値観やテーマに連動するギフトをくれた人を見つけましょう。

Success（成功）の語源は、「Succeeding」。

受け継いで生みだす、という意味です。

私が講演家としてデビューしたばかりの頃、友人に教えてもらい、私の心を強く動かし、講演のたびに何度も朗読し、感動力の発想の原点ともなったエピソードをご紹介します。

心をつなぐとは何か？
おもてなしとは何か？

恩贈りとは何か？

理論理屈を超えて、心に直接訴えかけてくる何かを、どうぞ受け取ってみてください。

エピソード　思い出のチボリバルーン

クリスマスに、くらしきのチボリこうえんにいきました。

わたしは、くらしきで生まれました。

だからくらしきには、わたしのおともだちがいます。

チボリこうえんには、ともだちと、ともだちのおかあさんと
わたしのおかあさん、おねえさんの6人でいきました。
その日は、とてもさむくて雪がちょっとふってきました。

一日たのしくすごし、よるに、みんなでかんらん車にのりました。
かんらん車はとても大きくて、たかかったです。
かえりにチボリバルーンをかいました。
つぎの日、いよいよかえりのじかんがきたので、
空こうにいきました。

ひこうきにのるとき、
「ふうせんをそのままでは、もってかえれないよ」

といわれました。きあつのかんけいだそうです。

わたしは、かなしくてないてしまいました。
おかあさんもないていました。
なぜかというと、わたしのおとうさんは、
7月に天ごくにいってしまいました。
チボリこうえんは、
わたしがひろしまけんのふく山にすんでいたとき、
おとうさんといっしょにいった、おもいでのばしょです。

だからわたしもおかあさんも、
チボリバルーンをしぼませるのが、かなしかったのです。
でもしぼませてもってかえってきました。

お正月に、
空こうのおねえさんからチボリバルーンが、
たっきゅうびんでおくられてきました。

はこからチボリバルーンを出すと、
まっすぐ上にうかびました。

わたしは、とてもうれしかったです。
中には手がみもはいっていました。
「バルーンをしぼませてごめんね。
また、ぜひおか山のチボリこうえんにあそびにきて下さい」
とかいてありました。

わたしは、空こうのおねえさんにお手がみをかきました。
おれいのものもいっしょにいれました。
そのチボリバルーンは、おうちでいまもうかんでいます。
だから、大すきなおとうさんとのおもいでがこわれなくてよかったです。

おとうさんも天ごくから
「あやちゃん、よかったね。おねえさんはこころのきれいな、やさしい人だね」
といっているかもしれません。
おねえさんとであえて、よいりょこうになりました。

後日、この作文が小学校の担任の先生より、岡山空港カウンター係のもとに、感謝の手紙とともに送られてきました。

また校長先生からも、

「作文を読み、感動して涙が止まりませんでした。お父さんとの思い出を大切にしてくださった社員の皆様に大変感謝いたします。人の心がとやかく言われる今の時代に、泣きじゃくる子どもの気持ちの裏の裏まで感じとり、公園まで行きバルーンを買い求めて遠くまで届けてくださる、こんな優しい方がいらっしゃることに感動しました」

とあり、学校中で作文が大きな反響を呼んだとのことでした。

自分を活かす舞台を創る

毎日をハッピーエンドにするか、
悲劇にするか。それは自分の
プロデューサーとしての
腕次第。

デジタル全盛の時代に、人の心を動かし行動に誘うのは、自分自身というアナログな人間性と個性、つまり「人柄」です。**自分が表現できる人柄の魅力を最大化するために、自分をプロデュースする**という発想が必要です。

プロデュースとは、その対象がもともと持っている可能性を最大化する試みのこと。そのプロデュースの対象を自分自身に向けることを、「セルフプロデュース」といいます。

セルフプロデュースを人生に取り入れると、何かに翻弄されていると思っていた人生が、もう一度自分の影響力の範囲に戻ってきます。何もしなければ同じように過ぎていく毎日も、能動的にプロデュースすることで、自分を活かす舞台を創ることができるようになります。

まずは、朝起きてから夜寝るまでの時間を、一つのドラマとして考えることから始めましょう。

一日が一話完結のドラマ。

ドラマを演じる主演俳優は自分。

演出家も監督も、大道具も音響担当も衣装係も自分。

少数精鋭なので、余計なスタッフは必要ありません。

一日の中で、いろいろなドラマが起きますが、夜寝るまでにハッピーエンドを迎えるという意志をもって工夫します。

一年365回の一話完結ドラマには、さまざまな共演者（いい人、悪い人、変な人）が、当然のように登場します。

人生という舞台で起こることは、映画や演劇と同じように、偶然の出来事は一つもありません。

出会う人はすべて共演者で、すべてはテーマどおりのシーンと配役。そもそも必要のない人は舞台に立っていませんから。

そういう視点で毎日の出来事を見ていると、なにげない日常に隠れていた必然のドラマが見えるようになります。

そして、毎日をハッピーエンドにするか悲劇にするかは、自分のプロデューサーとしての腕次第であることに気づきます。

いいことも悪いことも、何かが起こったときこそ、ハッピーエンドへ至るドラマのプロット（設計図）を紐解き、望む人生を実現する、願ってもないチャンスなのです。

さあ、最高のキャストを演じよう

他人を演じるのは
プロの俳優に任せて。
あなたは、あなた自身という
最高のキャストを演じよう。

「人生というステージでは誰もが主人公」という話はときどき聞きますが、「どうせ演じるなら最高の自分を演じよう」という話はめったに聞きません。

世の中には2種類の人がいます。

自分の才能を信じ、より多く使っている人と、才能などないと信じ、まったく使っていない人。

才能を使っている人は、自分の持ち場を大切にしています。

持ち場とは、感動を生みだす舞台のこと。

オリンピックという舞台で輝く人もいれば、ビジネスという舞台で輝く人もいます。人を応援して輝かせる黒子として輝く人もいれば、自分が輝いた光で人を輝かせる人もいます。

すべては、キャスティング（配役）の妙。

今いる場所が持ち場なのか、別の場所が持ち場なのか迷う人がいます。人生における持ち場のステージは、移動していくのが基本。

どんなに素晴らしい舞台もいつか終わり、次の新しい舞台が始まる。人生というドラマも同じく、いまよりバージョンアップした舞台が必ず用意されています。

しかし、今のステージで最善を尽くさない限り、次のステージの切符は手に入らないのが、ドラマのルール。

目の前のステージはすべて、未来のより大きなステージへつながるオーディションの機会なのです。

このシステムを知らない人は、今いる舞台で自分を過小評価したり、他人のキャラクターを一生懸命演じたりしながら、日常を過ごしています。

他人を演じるのはプロの俳優に任せましょう。

あなたには、あなた自身という、最高のキャストを演じる責任があります。

それが難しいというイメージがあるなら、あなたの才能が足りなかったからではなく、それを教えてくれる人がいなかったからです。

もしあなたが、人生という舞台で一流の表現者になり、人に勇気と希望と感動を届ける人になりたいと思うなら、いますぐに取りかかってほしいことがあります。

それは特別なことではなく、誰もができて、誰もが成功してしまう、とっておきの秘訣。

普通の人たちは、当たり前にできることを当たり前に行います。
その結果、当たり前の結果を手に入れます。
では一流の人たちは？
当たり前にできることを、見事にできるように集中して磨きます。

見事な挨拶。
見事な笑顔。
見事なありがとう。
見事な立ち方。
見事な歩き方。
見事な拍手。

見事な握手。

「当たり前」にできることに感謝し、一つ一つを「見事」にバージョンアップしていきましょう。

あなたの輝きを、持っている人がいます。

自分と妥協してはいけない。
あなたには、すごいことができるんだから。

ジャニス・ジョプリン（シンガー）

Epilogue

イッツ ショータイム

誰もが皆、
子どもの頃は表現力の達人だった。

記憶の片隅に残る、
幼き頃の汚れなき振る舞い。

生まれてから数年の間、
一人では生きていけない私たち人間は、
表現力を全開にすることで、
誰かの優しさをいただきながら、
この世界に生かされてきました。

胸の奥に眠る優しさの記憶。

何かを思い切り表現したとき、
誰もが感じる理由のない喜び。

大人になった今、私たちは表現することで、
その感覚を思いだせるのだろう。

見栄や恐れで閉ざした
心のリミッターをはずしたとき、
目の前に広がる可能性という名の
大海の存在に気づく。
出かけよう、帆を上げて。
向かい風さえも力に変えて。

まだ見ぬ最高の自分に出逢うために。

イッツ ショータイム。

あなたの表現力で、
周りの人が最高に輝きますように。

そしてその明りで、
あなたが最高に輝きますように。

追伸　言葉の力。

昨年の夏の夜、自宅から救急車で運ばれ緊急入院し、
準備なく命と向き合うという人生初の経験をしました。

いくつかの奇跡と幸運に恵まれ生還できたとき、
聴こえてきた、短いけれど、心に沁みた言葉。

「よかった」
「おかえり」
「おめでとう」

家族や友人が、笑顔と共にくれた言葉でした。

心を伝えるために、長い言葉は必要ないんだ。

そのとき気づいた大切なことが、本作品で形になりました。

無駄な言葉を削ぎ落とした後に残る、余白と余韻と言葉の力。

書いては直し、書いては削り、予定の10倍の時間をかけて、

最も少ない言葉で紡ぎだした渾身の一冊となりました。

ツタワル×ツナガル×ツクル

日本語の「つ」で始まる言葉には、

あるものとあるものを合わせて新しいものを生みだす
という意味とエネルギーがあるそうです。
感動力という新しいコミュニケーション作法が、
あなたの日常と共演し、世界に広がっていくことを、
心より楽しみにしています。

平野秀典

参考文献

『感動3・0 自分らしさのつくり方』平野秀典著（日本経済新聞出版社）
『GIFTの法則』平野秀典著（日本経済新聞出版社）
『人を幸せにする話し方』平野秀典著（実業之日本社）
『WHYから始めよ！』サイモン・シネック著・栗木さつき訳（日本経済新聞出版社）
『ブランド人になれ！』トム・ピーターズ著 仁平和夫訳（TBSブリタニカ）

感動力の教科書

人を動かす究極のビジネススキル

Be the business entertainer.

発行日　2017年11月15日　第1刷

Author　平野秀典

Book Designer　新井大輔
Illustrator　agoera

Publication　株式会社ディスカヴァー・トゥエンティワン
〒102-0093　東京都千代田区平河町2-16-1 平河町森タワー11F
TEL　03-3237-8321（代表）
FAX　03-3237-8323
http://www.d21.co.jp

Publisher　干場弓子
Editor　干場弓子 ＋ 千葉正幸

Marketing Group
Staff　小田孝文　井筒浩　千葉潤子　飯田智樹　佐藤昌幸　谷口奈緒美　古矢薫　蛯原昇　安永智洋　鍋田匠伴　榊原僚　佐竹祐哉　廣内悠理　梅本翔太　田中姫菜　橋本莉奈　川島理　庄司知世　谷中卓　小田木もも

Productive Group
Staff　藤田浩芳　原典宏　林秀樹　三谷祐一　大山聡子　大竹朝子　堀部直人　林拓馬　塔下太朗　松石悠　木下智尋　渡辺基志

E-Business Group
Staff　松原史与志　中澤泰宏　中村郁子　伊東佑真　牧野類

Global & Public Relations Group
Staff　郭迪　田中亜紀　杉田彰子　倉田華　鄧佩妍　李瑋玲

Operation Group
Staff　山中麻吏　吉澤道子　小関勝則　西川なつか　奥田千晶　池田望　福永友紀

Assistant Staff　俵敬子　町田加奈子　丸山香織　小林里美　井澤徳子　藤井多穂子　藤井かおり　葛目美枝子　伊藤香　常徳すみ　鈴木洋子　内山典子　石橋佐知子　伊藤由美　押切芽生　小川弘代　越野志絵良　林玉緒

Proofreader　文字工房燦光
Printing　大日本印刷株式会社

ISBN978-4-7993-2184-3　